FORTALESER

MULHERES QUE INSPIRAM COM DETERMINAÇÃO E CORAGEM

EDITORA
CHAVE MESTRA®

EDITORA
CHAVE MESTRA®

Av. Marcos Penteado de Ulhoa Rodrigues,
1119 – Tamboré, Alphaville – SP,
Ed. Office Shopping Tamboré –
Andar 21 – Sala Chave Mestra
CEP: 06460-040
@editorachavemestra
editora@editorachavemestra.com.br
www.editorachavemestra.com.br

Título original em português:

FortaleSer

Mulheres que inspiram com determinação e coragem

DIREÇÃO EDITORIAL
Raquel Medeiros

COORDENAÇÃO EDITORIAL
Bartira Costa Neves

ASSISTÊNCIA EDITORIAL
Eloiza Andrade
Larissa Robbi Ribeiro
Flávio Alfonso Jr.

REVISÃO
Híllona Anjos

DIAGRAMAÇÃO E PROJETO GRÁFICO
Daniel Marchesani

***BRANDING* DE CAPA**
Izzo Medeiros

Dados Internacionais de Catalogação na Publicação (CIP)

Vale, Rogério (Organizador)

V149 FortaleSer: mulheres que inspiram com determinação e coragem / Rogério Vale (org.) – Barueri, SP: Chave Mestra Editora, 2025.
208 p. : 16 x 23 cm

ISBN 978-65-5496-080-9

1. Desenvolvimento pessoal. 2. Atitude. 3. Mulheres. 4. Inteligencia espiritual. 5. Espiritualidade. 6. Fé. I. Título.

CDD 158.1

FORTALESER

MULHERES QUE INSPIRAM COM DETERMINAÇÃO E CORAGEM

APRESENTAÇÃO

Vivemos em tempos de intensas exigências externas, em que o ritmo da vida moderna nos desafia a manter uma constante produção, enquanto os apelos internos por autoconhecimento e equilíbrio se tornam cada vez mais urgentes. *FortaleSer* surge como uma resposta a esse dilema, convidando o(a) leitor(a) a refletir sobre a necessidade de pausa, sobre os limites do ser humano e sobre as formas pelas quais podemos encontrar, em meio às dificuldades, uma força que nos impulsiona e nos faz crescer.

Neste livro, vinte autoras compartilham suas histórias, vivências e reflexões, oferecendo um vasto repertório de experiências que, juntas, compõem um mosaico coletivo sobre a busca por resiliência, autoconfiança e renovação. Cada uma delas traz à tona não apenas o relato de suas lutas pessoais, como também as lições que aprenderam ao longo do caminho, evidenciando a importância da vulnerabilidade como uma jornada para a verdadeira força.

Em um cenário no qual a aceleração e a pressão constantes são uma realidade, é essencial refletirmos sobre o poder de desacelerar. O simples ato de interromper o fluxo apressado das exigências diárias, de tirar um tempo para si, é um gesto que, muitas vezes, nos resgata. Nesse processo, aprendemos que parar não é uma fraqueza, mas, sim, uma etapa necessária para reorientar nossos passos, alinhar nossos objetivos e recuperar o fôlego para continuar a caminhada.

Ao longo destas páginas, somos levados a compreender que as experiências dolorosas, como o perdão e a aceitação, são fundamentais não somente para os outros, como também para nossa própria cura interior. Ao liberar o peso do ressentimento, nos libertamos de correntes invisíveis, permitindo que nossa energia seja canalizada para o que realmente importa: nossa evolução.

É por meio de um posicionamento claro e assertivo que conseguimos navegar com mais segurança no mundo, seja na vida pessoal, seja nos relacionamentos profissionais. Contudo, a verdadeira firmeza não se revela em um confronto direto, mas na capacidade de equilibrar a firmeza com a empatia, respeitando a diversidade de pensamentos e sentimentos enquanto afirmamos a nossa verdade.

As autoras, em suas jornadas, resgatam a construção de si mesmas, mostrando que, mesmo com partes fragmentadas da existência, é possível se reconstruir, se reintegrar e, assim, ocupar o protagonismo da própria história. Esse caminho de integração entre as diversas facetas do ser humano é essencial para que possamos alcançar nossa plenitude e autenticidade.

Os sonhos, muitas vezes vistos como utopias distantes, encontram nesse espaço um solo fértil onde podem ser cultivados. Acreditar em sua viabilidade e persistir diante dos obstáculos é um convite à ação. O reconhecimento de que a vida é, por vezes, um terreno árido, porém cheio de potencial, nos incita a buscar a transformação e a renovação constantes, sempre em direção a novos horizontes.

Nesse contexto de busca constante por mudança, o abandono e a rejeição, longe de serem vistos como falhas, tornam-se momentos cruciais de forja. São esses desafios que nos ensinam a verdadeira força, aquela que vem de dentro, da capacidade de autorreconstrução a partir do que nos destroçou. A dor, nesse sentido, passa a ser uma grande aliada na jornada de crescimento.

A importância de dar voz às nossas inquietações e às nossas emoções é outro ponto essencial abordado neste livro. Em um mundo que, muitas vezes, tenta silenciar ou desvalorizar a expressão feminina, é necessário lembrar que a verdadeira força reside na coragem de ser ouvida, de se expressar, de fazer a diferença por meio de nossas ações e palavras. Superar o medo de ser quem realmente somos é um passo essencial na construção de um legado significativo.

Além das questões individuais, a obra também fala sobre o ambiente ao nosso redor e sobre a maneira como as conexões que formamos podem ser a chave para o sucesso e o desenvolvimento. Nesse sentido, o apoio mútuo, as trocas enriquecedoras e a colaboração são ingredientes fundamentais para a construção de um futuro mais sólido e satisfatório.

Em uma sociedade marcada pela velocidade, as narrativas aqui presentes nos lembram que o tempo, a rejeição e os desafios que encontramos ao longo do percurso não são obstáculos intransponíveis, mas oportunidades de aprendizado e amadurecimento. O caminho para a realização não é linear, porém é possível encontrar beleza e aprendizado em cada etapa da jornada.

FortaleSer é um convite para todas aquelas pessoas que buscam entender que a verdadeira força está na vulnerabilidade, na capacidade de reconstruir-se e de persistir, não importa o que aconteça. Ao longo das páginas deste livro, as autoras nos conduzem por um caminho de reflexão e superação, trazendo ensinamentos valiosos sobre o poder do autoconhecimento, da resiliência e da fé em nosso próprio potencial.

Ao folhear estas páginas, você encontrará não apenas histórias de superação, mas chamados à ação. Que cada palavra inspire em você a coragem de se reinventar, de reconhecer sua própria força e de, com confiança, tomar as rédeas de sua história. Que, ao final desta leitura, você possa sentir-se mais capacitada a seguir em frente, sabendo que, assim como as autoras que compartilham suas experiências, você também pode ser a protagonista de sua própria transformação.

Aproveite!

EDITORA
CHAVE MESTRA®

IDEC
INSTITUTO DE DESENVOLVIMENTO COMPORTAMENTAL

SUMÁRIO

Aline Silveira

Eu, menina mulher. O meu nome é Aline Silveira. Hoje, com mais do dobro da idade, passei de empregada a empregadora.

Foi ao experimentar que descobri que quase tudo é mais difícil do que previ. Sou o centro de mim mesma e, todos os dias, tento manter o equilíbrio ao detalhe. Aprendi que: não há acho, há resultar ou não.

Sou empreendedora, arrisquei apostar em mim por meio das redes sociais e conquistei resultados sonhando, crescendo, caindo, me reerguendo, desde o dia um do meu primeiro grande projeto individual, o mundodasmulheres.pt.

Oito anos depois, estou muito feliz por não ser mais um delírio juvenil, por ser a pessoa que mais se amedrontou, se encorajou, se criticou, sofreu e venceu, sem deixar de ser mãe, esposa e amiga.

aline_tg_silveira

mundodasmulheres.pt

mundodasmulheres.pt

FORTALESER

1

PAUSAR, É PRECISO. DESISTIR, NUNCA!

Por Aline Silveira

Escrevo esta minha história a 5 de janeiro de 2025, precisamente oito anos depois de me ter sediado em Portugal a loja on-line mundodasmulheres.pt, um *website* com redes sociais como motores de promoção intensiva em todo o território da Península Ibérica.

Sim, lembro-me de como se tivesse começado ontem. Éramos duas mulheres num percurso que arrancou mais ou menos, equilibrou-se no imaginado e ultrapassou o alguma vez sonhado, antes de cair no abismo e de voltar a renascer. Sim, esta foi e é a minha maior aventura profissional, aquela que reuniu mais pessoas, mesmo eu percebendo pouco de artigos para mulher e ainda menos de redes digitais, daí achar que acreditaram mais em mim e na minha crença do que no projeto. Mas conseguimos, e conseguimos juntos.

Depois de acharmos que teríamos a máquina toda preparada, avançamos. Não me lembro da temperatura daquela manhã, mas sei que (eu) estava fria. Comprei vinte modelos de sapatos, cada modelo vinha numa caixa de doze unidades, com numeração do 35 ao 41, e ainda me dei ao luxo de comprar meia dúzia de peças de roupa, pois não sabia se se venderia ou não. O primeiro dia de vendas não começou mal, dada a expectativa contida, se se esquecer que o primeiro — e pequeno — escritório abriu com 20 mil euros negativos.

Quanto se faturou no primeiro dia? Uns 35 euros, talvez. Mas porque sou uma eterna insatisfeita, pus-me logo a dizer que a culpa era do investimento mal feito na internet. No dia seguinte, triplicamos, acho que vendemos uns 110 euros, coisa que só não me fez abrir uma garrafa de espumante barato porque sou contida. E, sim, comecei logo a fazer as contas que todos fazem: 110 euros x 30 dias = 3.300 euros. Mau? Bom? Menos bom! Em três meses, acreditei, estaríamos a triplicar o triplicado.

A minha veia de empreendedora, depois de desistir de ser advogada, nasceu no Brasil. Inspirei-me na minha avó, ela vivia da venda de salgados, de lavar roupa e passar a ferro para muita gente. Sim, uma empreendedora, mesmo sem nunca ter ouvido a palavra.

Quando, em 2013, registrei a marca mundodasmulheres.pt e, ironicamente, por gostar muito de artesanato, recordo com carinho que várias das primeiras peças que coloquei à venda on-line eram precisamente peças de artesanato feitos pelas minhas mãos. Não, não foi com o artesanato que paguei as contas, mas, depois de ter deixado de ter sócia ao fim de três meses de empresa, num ano, sozinha na empresa, consegui pagar os 20 mil euros do investimento. Senti-me poderosa, confesso.

Mas, afinal, o que queria eu que fosse o mundodasmulheres. pt? Uma espécie de "El corte Inglès", (shopping on-line), onde as mulheres, num *website*, pudessem comprar tudo: artigos de beleza, calçado, roupa, coisas para o bem-estar, e por aí a fora, pois até pensei num SPA. Já mais sólida, apesar das cicatrizes que colecionei, aumentei o investimento em calçados. Um pouco mais tarde, aumentei o investimento em roupas, pois aprendi que também se vendia com alguma margem de lucro, além de ser mais interessante para fotografar e colorir as nossas redes sociais. Sim, tentei alastrar a oferta, servir as mulheres em várias áreas.

Para aqueles que estão a pensar em avançar com uma loja on-line, aqui fica uma dica. No início, na empresa mundodasmulheres.pt, eu era tudo: fazia as compras, o marketing, a comunicação, o pós-venda, a faturação, o embalamento e muitas outras tarefas, mesmo sem entender nada sobre várias coisas. Aprendi à força. E isto sem esquecer que eu trabalhava 24 horas por dia, que eu era quase tudo na empresa, menos a empresa transportadora.

Claro que também houve e há dias de frustração, mas, olhando para esses oito anos, posso afirmar que fui e sou muito feliz. Mesmo nos dias em que faturava apenas mais um euro do que no dia anterior, nunca tive vontade de desistir. Claro que houve dias sem dormir, pois não sabia como iria conseguir pagar as contas que me apareciam todos os dias. É, para quem está a começar, conseguir crescer, por pouco que seja, é determinante, uma espécie de salvação.

Dentro da minha área de negócio, eu trabalho com o público--alvo médio/baixo, e, ao fim de doze meses, comecei a perceber que o mundodasmulheres.pt, dada a persistência e resiliência, já era uma empresa com nome, vista como exemplo para outras pessoas, para outras empreendedoras.

Eu acredito que o nome "Mundo das Mulheres" foi muito bem escolhido, e eu ainda não estou predisposta a vender a marca. Sim, sei que nada é para sempre e que tal acontecerá mais tarde ou mais cedo. Sei que não podemos apegar-nos a um negócio como se fosse para sempre, nunca o será, e eu aprendi-o graças aos vários arranhões que colecionei desde os meus 15 anos, quando comecei a trabalhar.

Ser empresária não é nada fácil, por mais vontade que ouçamos "Tem tudo para dar certo". Abrir uma empresa é fácil. Difícil é mantê-la viva (mais do que inspiração, é preciso trabalhar... ou ter muita sorte).

Eu, Aline Silveira, odeio mostrar lágrimas, mas tenho que partilhar que, apesar do sucesso, ao longo destes oito anos, chorei todos os meses. Chorei de tristeza; das perdas; de quando, num mês, olhei para as contas e não tinha o suficiente para pagar salários e as outras despesas correntes; de alegria, ao atingir o meu primeiro milhão de euros; ao vender 5 mil euros em 8 horas.

Culpa é uma palavra que é associada (erradamente) à derrota, e a culpa é sempre do líder, por não sabe mandar, organizar... O líder fui, era e sou eu, e ainda estou em processo de aprendizagem. Aprendemos muito com a montanha-russa que é conduzida por nós, mesmo quando as interferências derivam das circunstâncias.

Antes da covid-19, a empresa estava a faturar como nunca. E, de repente, passamos de 150 encomendas por dia, em dias fracos, para 10, 15 encomendas, em dias "bons". A pandemia trouxe o desastre, pois, vendendo quase nada, as contas eram quase as mesmas. Doeu-me tanto! Mesmo na lama, tive uma equipa fantástica — chegamos a ser 23 pessoas. Não esqueço o ligar do computador e não ter encomendas. E nesses dias tão tristes, eles sempre me apoiaram.

Seria falso dizer que consegui superar a avalanche de problemas trazidos pela pandemia e assustou-me ver o mundodasmulheres.pt passar a ter mil vezes mais concorrência. A tempestade aumentou ainda mais com "toda a gente" a vender isso e aquilo, em casa, na garagem, com os diretos nas redes sociais e, claro, a "carga" trazida pelas grandes marcas nacionais e internacionais, ao apostarem no mesmo. Com a covid-19, houve quem ficasse bem e quem, como nós, sofresse perdas irrecuperáveis. Sim, reduzimos os escritórios, quase fechamos as portas da empresa que construímos tijolo a tijolo, colaborador a colaborador, cliente a cliente.

Caímos. Sim, caímos a pique. Perdemos quase tudo, menos a vontade de continuar. E desse por onde desse, fazendo acordos dolorosos de dispensa de colaboradores/amigos, alguns dos quais estão conosco desde o início (fizeram história conosco, e ainda aqui estamos também por elas e eles).

Nesse período trágico, afundamos ainda mais devido ao preço da publicidade nas redes sociais, o qual aumentou vezes sem conta, havendo alturas em que vivíamos das publicações orgânicas — sem investimento, publicando constantemente, na expectativa de que alguém reparasse em nós no meio daquela "batalha" sobrelotada e nos comprasse, por exemplo, um par de sapatos. Cada venda era uma vitória, embora amarga. E a amargura cresceu minuto após minuto até o "basta", por já não sermos uma empresa, mas sim uma espécie de cartão de crédito que, de muito plafond, passou a menos do que zero, ao ponto de ter de arranjar dinheiro onde tinha e onde não tinha. Isto mata-nos, tira-nos a dignidade, faz-nos fracos, querer fugir sem poder. É que, mesmo líderes, somos pessoas, temos cara, apelido, família, amigos... e contas.

Então, mudar para o que, para onde? Quantos milhões de pessoas, ao mesmo tempo e em todo o mundo, tentaram mudar para sobreviver? Ainda hoje, mesmo assumindo que poderia ter feito algumas coisas diferentes, não sei para o que poderia mudar, pois o próprio mundo mudou. O que me ilumina hoje é ver que o Mundo das Mulheres voltou a ter a nota de 50 euros do primeiro dia.

Indo às entranhas, afinal, como estamos agora, três meses depois de uma insolvência pesada, em que deixei de dormir e comer em condições, tive tempo para mim? Não, e isso é só o mais importante.

Hoje, a empresa está mais pobre, mas viva. Voltei à estaca zero, mas estou mais forte e sábia, já melhorei a gestão e, quase sozinha, voltei a ser eu, o mais importante. Sim, continuo a ser a mulher empreendedora que fazia tudo e que agora faz ainda mais, a patroa que também é empregada, a mãe e esposa que tem um orgulho e um prazer enormes em abraçar as pessoas que a respeitam e a amam, a mulher que, um dia, deu à luz o mundodasmulheres.pt e que, hoje, volta a poder dizer que já consegue faturar mais do que os iniciais 50 euros por dia graças a compras mais bem decididas, que usa uma espécie de mealheiro para investir em publicidade nas redes sociais e que, acima de tudo, se orgulha por nunca ter deixado de ser a Aline Silveira, por mais que tenham projetado a morte do seu mundodasmulheres.pt.

E às pessoas que me perguntam como ainda me aguento aqui, digo que deixei de ser a Aline branda e que estou mais organizada e mais bem preparada. Para chegar aqui, de frente para o espelho, conversei uma hora e meia comigo e comprometi-me ainda mais; eu pessoa e eu empreendedora temos como compromisso a meta de vencer ainda mais, ou não me chame Aline Silveira!

"Reajuste os passos,
mas nunca desista da
sua história. Permita-se
recomeçar sempre
que preciso!"

Aline Silveira

Como este capítulo fortalece a sua jornada?

Ana Sica

Olá! Meu nome é Ana Vilma de Oliveira Sica, sou natural de Uberaba/MG. Ítalo-brasileira, resido atualmente em Viana do Castelo, em Portugal, com a minha amada família: meu esposo Salvatore Sica, com quem sou casada há treze anos, e nossas filhas Alisha e Karima.

Sou piscoterapeuta, teóloga, mentora, escritora, *coaching* e CEO do Espaço Saudável Mente. Atuo no âmbito do desenvolvimento pessoal desde 2017, com atendimento individual e de grupo no Brasil, na Europa e nos EUA.

A minha história é repleta de momentos de superação, em que aprendi que a devoção, a determinação e a disciplina são a base para uma vida plena. O sentimento de paz e plenitude em que hoje vivo é o resultado do autoconhecimento, inteligência emocional e da maturidade espiritual que tenho alcançado ao longo dos anos.

praanasica

anasicaoficial

FORTALESER

2

O PODER DO PERDÃO

Por Ana Sica

FORTALESER

Neste capítulo, vou compartilhar com você uma experiência extraordinária que vivi no gélido inverno da Suíça, no ano de 2008, quando aprendi que a dor do remorso é mais profunda que a dor do agravo sofrido.

Para começar, convido você a meditar no texto bíblico no qual Jesus deixa instruções sobre o perdão. "Porque, se perdoardes aos homens as suas ofensas, também vosso Pai celestial vos perdoará a vós; se, porém, não perdoardes aos homens as suas ofensas, também vosso Pai vos não perdoará as vossas ofensas" (Mt 6:14-15).

O perdão é um dos princípios básicos sob o qual a fé cristã é fundamentada. Após a queda do homem no Jardim do Éden, o seu relacionamento com Deus ficou comprometido. Para que o homem tivesse novamente a oportunidade de se relacionar direta e intimamente com Deus, Jesus se entregou à morte de Cruz para a remissão dos pecados da humanidade (Fp 2:8). Como podemos ver, o perdão é um dos temas centrais do cristianismo, mas ressoa também em tantas outras religiões, culturas e filosofias. Perdoar é uma atitude que desafia os limites mais profundos do ego humano. A decisão e a atitude de perdoar libertam tanto quem cometeu o agravo quanto quem o sofreu da prisão cujas grades são a dor o ressentimento.

Enfim, você sabe realmente o que significa perdoar? Perdoar é uma atitude voluntária de doar amor a si e ao próximo. Contrariamente ao que muitos pensam, o perdão não é uma borracha que apaga as memórias de dor e não nos obriga a minimizar a dor que a ofensa nos causou. Em vez disso, o perdão é uma decisão acompanhada de uma atitude intencional que purifica o coração da raiva, do ressentimento e do desejo de vingança. Ao liberar o perdão, decidimos por não permitir que as grades da dor e do ressentimento continuem a nos ferir e a limitar a nossa jornada. O perdão é uma forma sublime de mensurar o amor-próprio, o qual irá transbordar sobre a vida do próximo.

Agora, convido você a conhecer um pouquinho do meu mundo, no qual fui moldada e fortalecida para ser quem hoje sou. Era inverno de 2008, fazia pouco mais de dois anos que eu morava na Suíça. Meu telefone tocou e, ao atender, ouvi a minha mãe dizer: "Minha filha, lamento, mas recebi uma notícia muito triste: me ligaram informando que o seu pai morreu". Em segundos, passou o filme de 28 anos da minha vida diante dos meus olhos e, sem entender direito o que eu estava sentindo, desliguei o telefone e as lágrimas desciam de forma incontrolável. Eu não podia entender as lágrimas e muito menos aquela dor no peito que dilacerava a alma, afinal, meus pais se separaram quando eu era um bebê. Quando conheci meu pai, eu tinha 7 anos, as suas visitas eram esporádicas e o meu relacionamento com ele era muito conflitual.

Por vezes, movida pela raiva regada pelo sentimento de abandono e rejeição, com o contorno das histórias que ouvia sobre meu pai, na minha ignorância eu dizia que quando meu pai viesse a falecer não me faria falta alguma, pois não havíamos construído laços afetivos fortes o suficiente para fazer com que eu sentisse a sua falta. Mas, quando recebi aquele telefonema, entendi que o laço que nos ligam às pessoas são construídos por Deus, tudo que fazemos é desenvolvê-los de forma saudável ou tóxica.

Os dias seguintes àquele telefonema da minha mãe foram terríveis, chorei a morte do meu pai por uma longa semana, envolvida na escuridão da prisão da alma chamada remorso. Por mais que eu tentasse ignorar o vazio na alma por ter perdido meu pai, a falta dele se fazia presente em todos os ângulos do meu ser. Quando não via, ouvia; quando não ouvia, sentia o remorso que doía bem mais que o abandono, e todas as coisas não louváveis que tinha ouvido sobre ele. Por sete longos dias, a única coisa que realmente importava era: "Meu pai não está mais aqui, eu o amo e nunca lhe disse isso, e agora não tenho mais ocasião para lhe dizer".

Depois daqueles dias envolvida na dor do remorso regado por lágrimas, novamente ouvi meu telefone tocar. Desta vez, minha mãe, com a voz firme, diz: "Minha filha, graças a Deus, a polícia encontrou seu pai e ele está vivo! Na realidade, ele estava trabalhado fora da cidade que ele mora". Naturalmente continuei chorando, mas dessa vez de alívio e alegria. Deus estava me dando uma nova oportunidade de amar o meu pai, simplesmente por quem ele é e não pelo que havia feito ou deixado de fazer. Quando minha mãe desligou o telefone, caí de joelhos no meio do meu quarto e disse: "Senhor, eu O louvo e Lhe agradeço pela vida dessa pessoa que em seu coração desejou fazer-me todo este mal dizendo que meu pai havia morrido, pois por meio dessa atitude o Senhor me deu hoje uma nova oportunidade para perdoar e ser perdoada". Eu me levantei daquela oração, corri ao telefone, liguei para o meu pai e, aos 28 anos, disse a ele pela primeira vez: "Pai, eu te amo".

Hoje, enquanto escrevo este capítulo, meu pai que agora é um servo do Senhor, está na UTI, entubado, lutando pela vida. Sinto uma grande dor no peito e confesso que tenho medo de perdê-lo, mas desta vez o sentimento é completamente diferente, pois desde 2008 temos um relacionamento saudável entre pai e filha. Sim, muito do que se perdeu não foi e não será possível resgatar ou reconstruir, mas tivemos e agarramos a oportunidade de não continuar nos perdendo, nos reencontramos em Cristo, perdoando-nos e sendo perdoados.

Portanto, essa dura experiência me ensinou que, para liberar verdadeiramente o perdão, devemos olhar para quem fez o agravo por quem a pessoa é, e não pelo que ela fez. Ao perdoar, alcançamos tanto a liberdade emocional quanto a espiritual. Cultivar mágoas torna o fardo pesado e a jornada árdua; além do mais, pode afetar a saúde mental e física, contribui para o estresse, para a ansiedade e até para problemas mais sérios, como a depressão. Ao perdoar, o fardo fica mais leve. Naturalmente, o perdão não é uma varinha mágica que faz com que a dor do agravo desapareça em um piscar de olhos. De início, a dor se torna suportável e não mais nos controla, até que a ferida cicatriza e não sangra e nem dói, é "apenas" uma lembrança. Jesus foi categórico ao falar sobre o perdão: se não perdoarmos as ofensas dos homens, o Pai não perdoará as nossas ofensas; portanto, perdoar é doar amor a si mesmo.

Enfim, a evidência do perdão é olhar para além do agravo e ver a pessoa, e não mais o agravo ou a dor que ela causou. Ao liberar perdão, as fronteiras se abrem para a reconciliação e para a reconstrução de laços mais profundos e duradouros. Como parte da experiência humana, por vezes ferimos e outras vezes somos feridos. Nessa dinâmica, o perdão é um instrumento necessário nas relações humanas. Quem ama perdoa, pois o perdão é intrínseco ao amor. O perdão restaura a comunhão tanto na dimensão espiritual quanto nos relacionamentos humanos. Por meio de Cristo, a humanidade tem acesso ao perdão divino, mas uma das condições para ser perdoado é praticar o perdão para com o próximo.

Entretanto, a decisão e a atitude de perdoar nem sempre é fácil. Em vez disso, é desafiador superar a dor do abandono, da traição e da decepção. Em situações extremas, como perdoar alguém que tirou a vida de quem você ama ou o(a) violou sexualmente? Por vezes, a raiva ou o ressentimento é uma forma de autoproteção. No entanto, é fundamental compreender que o perdão não anestesia a dor, mas nos permite ir além da própria dor e construir relacionamentos saudáveis.

É importante compreender o que diz o segundo grande mandamento: "Amai ao próximo como a ti mesmo" (Mt 22:39). Quando liberei perdão ao meu pai, precisei olhar para dentro de mim e liberar o perdão para mim mesma, por todas as vezes que não consegui ser a filha que gostaria de ter sido. Muitas vezes, ao sentir resquícios da dor por causa da ausência paterna, por alguma razão, eu era muito severa comigo mesma e buscava justificar o meu pai e condenar a minha dor. Com o passar das semanas e dos meses, comecei a praticar o autoperdão, respeitei, tratei e deixei ir todos os sentimentos que me prendiam em um passado de dor. Ao praticarmos o autoperdão, conseguimos ter mais empatia, e perdoar os outros já não será mais tão desafiador.

Assim como amar, perdoar também é uma decisão, e tudo que envolve intencionalidade pode ser aprendido. Se quero aprender a amar, posso aprender a amar; assim, se tenho intenção de perdoar, posso aprender a perdoar. Se você decidiu perdoar, mas está com dificuldades, experimente escrever, meditar e contemplar sobre o perdão. Invista no seu autoconhecimento, identifique as suas feridas, respeite-as e as trate até elas cicatrizarem. Lembre-se: é impossível desinfetar e tratar uma ferida sem tocá-la, então, provavelmente, você vai sentir dor ao trazer à tona o que o(a) feriu, mas é no momento da dor que se aplica o remédio. De início, a dor parece insuportável, mas depois é superada.

Por fim, tenha em mente que o perdão é uma demonstração de amor-próprio. Ao decidir perdoar, inicia-se um processo que pode ser mais ou menos longo e com momentos de altos e baixos, o importante é permanecer firme na decisão e na atitude de liberar perdão.

Se você chegou até aqui e sente a necessidade de liberar perdão para alguém, o momento é **agora**, o tempo não ouve conselhos. Comece agora mesmo a sua jornada rumo à liberdade e à paz interior. Perdoe-se e libere perdão a quem o(a) feriu. Essa atitude acrescentará vida à sua vida e pessoas à sua volta. Perdoar é doar amor a si mesmo, é escolher um fardo leve e um jugo suave, é dizer "sim" ao perdão divino. Que, de agora em diante, o perdão seja muito mais que uma prática e passe a ser o seu estilo de vida.

Referência bibliográfica

BIBLIA SAGRADA. Almeida, revista e corrigida. 2. ed. Rio de Janeiro: Sociedade Bíblica do Brasil, 2000.

"Perdoe, pois a dor do remorso é mais intensa que a dor da ofensa."

Ana Sica

Como este capítulo fortalece a sua jornada?

Auleny Ferraz

Sou Auleny Ferraz, nasci em Vitória/PE, moro em Portugal e Brasil. Sou casada com Alexandre Barcellos há 1 ano e 8 meses, sou mãe de quatro filhos bem-sucedidos e tenho cinco netos lindos. Minha família é meu maior patrimônio.

Sou empresária e treinadora nos dois continentes, com dezenove anos de experiência no segmento da saúde e tecnologia, já formamos mais de mil empresas para o mercado da venda direta e formação de líderes. Amo servir e ensinar.

Hoje, vivo a melhor fase de minha vida. Isso foi conquistado com muita fé, ousadia e empatia. Entre perdas e ganhos, erros e acertos, aprendi algumas coisas que desejo compartilhar com vocês e um pouco de minha história, para contribuir de alguma forma na sua realização pessoal, com equilíbrio nas cinco saúdes.

aulenyferraz

aulleny

+55 (81) 97909-9346

Auleny Rosa Ferraz

FORTALESER

3

CRÊ PLENAMENTE

Por Auleny Ferraz

FORTALESER

Assim como um livro, vejo que a vida é feita em capítulos, uns com mais, outros com menos páginas, e neste capítulo destaco um período da minha vida que acredito que irá trazer mais impacto para sua vida, com a intenção de motivá-lo(a) a crer mais, se posicionar de maneira a lutar pelos seus sonhos e objetivos, que a meu ver terá mais sentido se você alinhar, com equilíbrio, as cinco saúdes ou áreas da sua vida. Trarei um pouco do meu testemunho em um período sem saída, mas que aos poucos fui colocando em prática o que me movia e fazia ter esperança, a fé na palavra de Deus, que diz que Ele nunca nos deixaria só, encontrado o caminho da ação necessária para chegar onde vivo hoje.

Então, por vontade permissiva de Deus e sem compreender, vivi dores que não foram escolhas, como uma viuvez aos 25 anos, quando me vi com as três crianças pequenas, sem nem uma condição de dar o que tinham antes de o pai morrer em um acidente de carro. Depois disso, foram surgindo muitas dívidas devido a vários fatores e, entre eles, enfrentei mais de 26 processos trabalhistas. Vi de perto muita maldade, julgamentos errados, perseguição e até ameaça de morte. Eu estava doente, fraca e sem uma forma para criar minhas filhas. Foi um longo tempo de muitas lutas, casei novamente e depois tive mais um filho e depois um divórcio. Estava triste e me sentindo injustiçada, porém o que não me faltava era fé. Não compreendia nada, mas confiava, tinha a certeza em meu coração de que meu Jesus tinha uma saída.

Reconhecendo o motivo da minha fé

Sua Palavra estava escrita em meu coração e eu já tinha tido muitas experiências com Deus, perdas e lutas, vitórias e conquistas que já havia vivido de forma intensa, chegando o momento de colocar em prática mais uma vez e fazer o necessário para buscar o meu maior sonho e objetivo, que era criar meus filhos.

Para quem não tem experiências fortes com Deus e está vivendo lutas grandes, seja em que área for, deve buscar respostas na palavra de Deus. No meu caso, eu tinha dois fortes versículos em meu coração, que me fortaleceram: "Fui moço e agora sou velho, mas nunca vi o justo desamparado nem a sua descendência mendigar o pão" (Sl 37:25). Também eu era órfã de pai desde os 11 anos, então havia mais um que me acompanhava. "Pai de órfãos e juiz de viúvas é Deus em seu lugar santo" (Sl 68:5).

Confiar sem entender

É saber que nunca estamos só, significa descansar em Deus, ficar nos braços do nosso Pai, Aquele que vê tudo e cuida de nós. Sempre trazendo à memória o que nos dá esperança, pois Ele sabe os pensamentos que tem sobre nós. Como essas palavras poderosas nos acalmam e trazem paz! Precisamos buscar e silenciar o coração, não é fácil com tantas decisões para serem tomadas, com o medo inerente que nos cerca. Devemos respirar fundo, dobrar os joelhos e só orar. Quando não houver o que fazer, creia que algo sobrenatural vai acontecer. E se não acontecer aos seus olhos, aprenda a descansar, pois uma providência, um socorro, um sinal da Sua presença, um consolo e paz vão vir pelo poder da oração e da fé.

Como no dia em que amanhecemos literalmente sem ter nada para o almoço. Não queria pedir a ninguém e mandei minhas filhas para a escola apenas com o café da manhã e sem o lanche. Fui para o quarto, dobrei meus joelhos e só chorei e disse a Deus que só sairia dali com uma provisão, pois sabia que Ele me via. Pouco tempo depois, a campainha tocou e era um cobrador, mostrei a ele minha situação e Deus o usou para providenciar compras de mercado, sendo ele meu fiador, sem data para eu pagar ou garantias. Quando minhas filhas chegaram, agradecemos pelas compras e, desde então, Deus não deixou faltar o alimento. "Lançando sobre Ele toda vossa ansiedade, porque Ele tem cuidado de vós" (1 Pe 5:7).

O ponto de partida

É preciso ter compreensão sobre qual situação estamos e aonde desejamos chegar. A compreensão clara do que devemos fazer é a primeira atitude. É muito fácil e não depende de nada nem de ninguém, é simplesmente buscar a presença de Deus em oração, com toda a força do coração, por um objetivo ou por vários.

No meu caso, nessa época, após oito anos da viuvez e quatro filhos pequenos, com o inventário fechado e ainda com dívidas e sem nem uma porta na minha frente, busquei ao Senhor com face em terra, literalmente, chorei muito fazendo uma poça de lágrimas, clamando por uma porta, uma oportunidade de trabalhar de forma honesta, para criar meus filhos e oferecer a eles segurança, saúde, educação e lazer, porque no Brasil não é fácil. Da faculdade, eu já havia desistido duas vezes, por não ter condições de pagar e por ter preferido optar pela educação dos meus filhos; porém a escola particular já estava atrasada dois anos. Se eu conseguisse um emprego, no máximo, seria para ganhar um salário-mínimo, com o currículo que eu tinha. Então clamei por uma oportunidade em vendas, com algo que suprisse essa necessidade urgente de pagar as dívidas que restavam e dar qualidade de vida à minha família. Posicionada na oração, estava também atenta às oportunidades e sempre falava para as pessoas que eu procurava algo para trabalhar. Sabia que tudo aquilo tinha um propósito. Um versículo estava gravado no meu coração: "E sabemos que todas as coisas contribuem juntamente para o bem daqueles que amam a Deus, daqueles que são chamados por seu decreto" (Rm 8:28).

Pureza de coração, perdão e empatia

Uma das coisas fundamentais que devemos buscar é perdoar. Essa foi a maior lição que Jesus nos ensinou, porque Ele nos amou e nos perdoou primeiro, então é impossível receber uma vitória completa e se sentir realizado se não sentirmos paz para vivê-la plenamente. Há uma condição bem clara na oração que Jesus nos ensinou no Pai Nosso, de "perdoar como nós perdoamos a quem nos ofende". Então só um coração puro e sem maldade, limpo como uma criança, consegue. Para isso, temos o Espírito Santo de Deus para nos consolar do mal que nos fizeram e nos capacitar a perdoar, amar e servir, com a mesma intensidade que faríamos para os que nós amamos — aliás, como para nós mesmos. Isso é empatia e, acredite, quem consegue se colocar no lugar do outro com sinceridade de coração e amor com certeza sempre terá alguém do lado e isso abrirá portas inesperadas. Então, devemos amar a todos com a leveza de uma criança e existe uma direção para isso, algo sempre presente em meu coração, que Jesus falou: "Pois, se amardes os que vos amam, que galardão tereis? Não fazem assim os publicanos também o mesmo?" (Mt 5:44).

Esperar agindo e fazendo o necessário

Nosso tempo é o bem mais precioso. Se você está vivo, há um propósito. Então, perder tempo só esperando, sem uma ação concreta, é um grande desperdício que não leva a nada, por isso acredito que esperar em Deus é primeiramente confiar que Ele está comigo e baseado no que desejo e estou posicionada para conseguir e lutar. Vou primeiro deixar claro para mim mesma o que quero e desejo, não só em oração para Deus, mas escrevendo e lendo para mim mesma meus objetivos e planos de ação.

Falei com as pessoas a respeito da minha necessidade, liguei para alguns amigos buscando informações sobre como ter uma renda maior, fiz cursos gratuitos sobre empreender, estava totalmente atenta às oportunidades. Enquanto esperava, jejuava, orava e agia, sabia que a área de vendas com valor agregado era a solução para mim. Exatamente após o clamor que já citei aqui, recebi a ligação de uma amiga me convidado para conhecer um produto voltado para a saúde com tecnologia exclusiva, aliado a uma oportunidade de empreender. Então não pensei duas vezes, aceitei a visita e, quando vi a oportunidade, ouvi uma voz muito forte dentro de mim avisando que aquela era a oportunidade que tanto precisava. Fiz o necessário, busquei conhecimento na nova área, pratiquei muito o que me orientavam, buscando fazer muito mais.

Na época, não tinha carro nem créditos para celular, então acordava cedo e ia caminhando falar com as pessoas para agendar demonstrações, perdia até o sono para esperar o sol nascer e aproveitar aquela oportunidade. A meta era três apresentações, eu chegava a marcar doze por dia. A minha vontade de vencer e a minha convicção eram tão grandes que nada e nem ninguém me parava, só olhava para o que eu precisava fazer e fazia com fé, força, energia e constância. Isso foi o diferencial para tudo acontecer, eu estava focada na minha própria vida e o que tinha que realizar. Não ouvia nada negativo, só ia seguindo, pois tinha certeza de que aquela era minha oportunidade.

Há um livro na Bíblia que me inspirou muito nessa época, o livro de Neemias, pois era assim que eu me sentia, reconstruindo os muros de Jerusalém e nada nem ninguém me parava, até vir o resultado sonhado: nossa independência financeira, com a família feliz, na qual todos servem ao senhor Jesus e reconhecem sua glória e poder.

"Crê plenamente" é a última frase de *Filosofia do sucesso* (2022), de Napoleon Hill. Pesquise e leia, vale muito a pena. Eu, porém, trouxe aqui neste capítulo minha visão sobre essa frase, aquilo que vivi e pratiquei à luz da palavra de Deus e que deu muito certo.

A fé prática na palavra de Deus traz resultados incalculáveis. Acredito plenamente que somos 99,9% iguais, por isso tudo que um ser humano é capaz de fazer o outro é mais e melhor. Creio que portas e oportunidades surgem de lugares e situações que nem imaginamos, e foi isso que aconteceu e que pode acontecer com qualquer um que crer e agir por fé.

Neste capítulo, apresentei um caminho para um resultado que trouxe em minha vida realização pessoal, profissional e familiar, com muita paz e muita gratidão, reconhecendo a total vontade permissiva e a misericordiosa de Deus, tendo em Jesus e na Sua Palavra a base principal para escrever uma nova e linda história, com resultados que foram muito além do que sonhei e desejei, fazendo crer cada dia mais que tudo é possível ao que crê e age, pois a fé sem obras é morta, como está em Tg 2:17.

Eu me sinto apenas no início, todos os dias, com uma folha em branco para escrever com fé e ação novos capítulos que vão completar um grande e lindo livro para a glória de Deus em seu propósito de frutificarmos, para servir ao maior número de pessoas.

Referências bibliográficas

BÍBLIA SAGRADA. Almeida revista e corrigida. 4. ed. São Paulo: Sociedade Bíblica do Brasil, 2009.

HILL, N. *Filosofia do sucesso*. São Paulo: Editora Fundamento, 2022.

"Crer plenamente é
agir por fé, é fazer
o necessário com
constância
até conseguir."

Auleny Ferraz

Como este capítulo fortalece a sua jornada?

Brenna Galvão

Sou Brenna Galvão, nascida em Natal/RN. Aos 18 anos, recomecei minha história em Portugal, movida por sonhos e pela ambição de criar algo extraordinário.

Sou empresária, pós-graduada em Estética, formadora, *master* em Comportamento Humano e, acima de tudo, mãe do Tiê, a maior transformação da minha vida. A maternidade me ensinou a amar com mais profundidade, a buscar equilíbrio e a valorizar o agora, sem perder de vista meus objetivos.

Minha essência é uma combinação de coragem, sensibilidade e determinação. Vivo para inspirar, transformar e realizar sonhos, sempre guiada pelo desejo de trazer harmonia e bem-estar às pessoas ao meu redor. Acredito que cada passo dado com paixão e propósito pode criar um legado poderoso e inesquecível.

brennagalvao

brenna@usa.com

FORTALESER

4

ASSERTIVIDADE: POSICIONAMENTO DE FIRMEZA E EMPATIA

Por Brenna Galvão

FORTALESER

Das ruas de terra aos sonhos realizados

Cresci em Parnamirim, uma cidade pequena ao lado de Natal, no Rio Grande do Norte, onde as ruas de terra eram meu mundo e o céu parecia não ter fim. Minha infância foi repleta de brincadeiras que ainda guardo com carinho: correr descalça, subir em árvores, dançar quadrilha, pular fogueira de São João e transformar cada canto da rua no cenário perfeito para as minhas aventuras. A imaginação era nossa única regra e a rua, o nosso reino.

Naquela época, tudo parecia simples. Mas, por trás dessas brincadeiras, minha vida começava a se transformar. Aos 10 anos, meus pais se separaram. Foi como se o chão sob meus pés, aquele mesmo onde eu brincava, tivesse desaparecido. Minha vida nunca mais foi a mesma. Minha mãe, uma mulher forte e batalhadora, se tornou o pilar da nossa família. Ela trabalhava muito e, entre uma jornada e outra, sempre repetia: "Estude, minha filha, para que você nunca precise depender de homem".

As palavras dela eram como um mantra, mas também criaram em mim uma tensão invisível. Eu via o peso que ela carregava e, ao mesmo tempo, entendia que precisava lutar para construir uma vida diferente. Mesmo assim, a essência daquela menina sonhadora que corria pelas ruas continuava viva em mim. Eu sabia que minha família não tinha condições de me ajudar a realizar os meus grandes sonhos, mas isso só me dava mais determinação.

As brincadeiras de infância me ensinaram a criar mundos melhores, e foi isso que levei para minha vida adulta. A diferença é que, em vez de "faz de conta", passei a planejar como poderia transformar os sonhos em realidade.

Imigrei para Portugal com 18 anos, onde tudo que eu queria era realizar o sonho de quase todo brasileiro: ter a casa própria. E, então, começa o enredo da minha vida, que deixarei para contar em uma próxima escrita, mas o que posso dizer é que ficou marcado por muitos erros e acertos.

No começo, muitos erros. Meus relacionamentos amorosos e até algumas amizades foram reflexos das crenças que eu carregava. Acreditar que precisava ser forte a todo custo me levou a tomar decisões que não eram as melhores para mim.

Mas a menina de Parnamirim/RN ainda estava lá, me lembrando de sonhar e recomeçar.

Tudo mudou quando decidi voltar para o Brasil, reconectar-me com as minhas raízes, pois houve um momento em que percebi que algo em mim estava desconectado. Eu me sentia dividida entre ser quem o mundo esperava e quem eu realmente era. Naquele momento, começava a aflorar em mim a minha feminilidade, uma força que eu havia negligenciado, mas que sempre esteve lá. A vida estava me convidando para ser **mãe**, o meu relógio biológico tinha despertado e era o momento de eu desenvolver um grande dom de Deus. Um ano depois, segurar meu filho nos braços foi a minha grande virada de chave, o ponto zero, a luz no fim do túnel. Aquele momento me fez revisitar cada fase da minha vida — desde as brincadeiras de rua até os desafios que eu enfrentava naquele dia. Tiê, meu filho, me deu uma nova missão: ser a melhor versão de mim mesma, não só para ele, mas para mim também.

Foi aí que percebi que cada minuto do meu tempo era precioso, que a vida era um cronômetro decrescente e que eu não poderia desperdiçar nenhum minuto sequer. Passei a questionar tudo: as crenças que me limitavam, as escolhas que fiz e até os medos que eu carregava. Todos os dias acordava e refletia em como eu poderia ajustar a rota para o caminho certo aos meus propósitos. A saída era para "dentro", e por isso decidi mergulhar em mim. Entrei no processo mais certo da minha vida: o autoconhecimento.

Como descobri os meus potenciais inexplorados

No meio desse processo, reencontrei a essência daquela menina que corria livre pela rua, cheia de sonhos e coragem. Foi com essa energia que tirei do papel cada um dos meus desejos de infância. Em meio de tantos estudos e cursos de desenvolvimento humano e inteligência emocional, cheguei finalmente à consciência e clareza de que eu precisava quebrar padrões e me livrar de crenças que me impediam de crescer e me manter estável. Eu já não tinha tempo para errar tanto, não queria mais ter retrabalhos ou desgastes, tudo que eu precisava era de estabilidade. Foi quando compreendi que precisava desenvolver a **feminilidade assertiva**.

Quando eu me encontrei em minha essência feminina e decidi ser mais assertiva nas minhas escolhas, os meus sonhos começaram a sair do papel e a ganhar vida. Ao dizer "sim" para o que realmente importa e "não" para o que não acrescenta, assim tomei as rédeas da minha vida, finalmente. Cada decisão passou a ser um passo firme na direção do que eu sempre quis, sem medo de me posicionar ou de ser fiel aos meus valores.

Como a minha vida se transformou

Ao mergulhar nesse universo, entendi que minha energia feminina não era fraqueza, mas sim uma fonte de poder, empatia e intuição. Percebi que minha suavidade e minha força podiam coexistir. Não precisei mais escolher entre ser forte ou ser sensível, entre ser firme ou ser acolhedora. A reconexão com essa energia me deu liberdade para ser inteira.

Nesse processo, eu olhei para minhas crenças limitantes nos olhos e fiz as pazes com elas. Percebi que elas não definem quem sou, mas que posso transformá-las em aprendizados.

Ser assertiva e feminina, ao mesmo tempo, mudou minha forma de me comunicar e trouxe resultados incríveis, tanto na vida pessoal quanto na profissional. Comecei a dizer "não" quando era necessário, sem me sentir culpada. Quando algo não está alinhado com o que desejo, eu expresso minha opinião de forma clara e objetiva, mas com respeito. Percebo que, ao falar com confiança e sem rodeios, eu transmito mais credibilidade; além disso, me torno mais eficiente, porque gasto menos tempo com mal-entendidos ou retrabalhos causados por falta de comunicação clara.

Durante muito tempo fui prisioneira do meu ego e, hoje, consigo ver a diferença entre assertividade e arrogância. É possível impor a minha opinião sem desconsiderar o sentimento do outro e manter o respeito mútuo. Além do mais, se eu realmente me importo com uma pessoa, procuro manter um relacionamento de *feedbacks*, pois isso mantém o meu ciclo de pessoas mais próximas em crescimento.

Direto ao ponto

A assertividade não é algo que nasceu comigo, é uma habilidade que aprendi e desenvolvi. Além de entender os benefícios, eu preciso praticar em diversas situações do dia a dia. Com o tempo, isso se tornou algo natural.

No início, eu criei uma série de perguntas que me ajudaram a desenhar o meu mapa mental e me trouxeram respostas e clareza para entender o que realmente importava para mim, como se cada dia fosse o último. Perguntas como:

- "O que realmente me motiva a levantar todos os dias?";
- "Essa decisão me aproxima ou me afasta do que considero meu propósito?";
- "Estou colocando energia nas coisas certas ou me dispersando com tarefas irrelevantes?"
- "Estou sendo fiel a mim mesma ou estou vivendo para atender expectativas externas?";
- "Se o tempo parasse hoje, sentiria orgulho do caminho que trilhei?".

Agora, quero fazer um convite a essa introspecção a você, leitor(a).

Estilo de vida

Eu escolho viver com assertividade feminina, unindo minha força interna ao brilho que me faz sentir viva. Quero que minha presença inspire, mas, acima de tudo, que ela seja um reflexo genuíno do que sou, em todos os aspectos da minha vida. Para isso, comprometo-me a cultivar equilíbrio, empatia e autenticidade nos pilares que sustentam minha existência. Os pilares são estes a seguir.

1. <u>Meu relacionamento comigo mesma</u>

Eu reconheço que tudo começa dentro de mim. Para ser assertiva, devo me conhecer profundamente: meus valores, meus limites e meus desejos. Escolho olhar para minhas vulnerabilidades com carinho, entendendo que não preciso me justificar por ser quem sou. Priorizar minha saúde física, mental e espiritual não é egoísmo, é a base do meu brilho. Quando me amo e me respeito, irradio uma confiança que transcende palavras.

2. <u>Minhas relações interpessoais</u>

Decido ouvir e falar com intenção. Minha comunicação é firme, mas sempre gentil. Quero criar pontes e inspirar confiança nas pessoas ao meu redor. Reconheço que empatia é um dos dons mais poderosos da feminilidade e uso isso para entender os outros sem me anular. Sei que é possível dizer "não" de forma respeitosa e colocar limites claros sem culpa.

3. Minha vida profissional e meu propósito

Eu trago meu brilho e paixão para tudo o que faço. O trabalho é uma extensão do meu propósito e eu escolho agir com competência e coragem. Quando erro, não permito que a culpa me paralise. Uso cada desafio como aprendizado, sabendo que minha resiliência me torna mais forte, sem medo de ocupar o espaço que mereço.

4. Minha vida emocional e espiritual

Escolho me conectar com minha essência e aquilo que me faz sentir plena. Não negocio meu momento de meditação com Deus e honro meu espírito. A assertividade vem do equilíbrio: permito-me sentir e expressar emoções, mas também confio em minha intuição para guiar minhas decisões. Quando estou conectada comigo mesma, transmito paz e inspiração para os outros.

5. Minha contribuição ao mundo

Eu quero que minha presença faça diferença. Não se trata de grandiosidade, mas de pequenos gestos que transformam vidas. Enxergo cada pessoa como única e digna de respeito. Quero ser uma fonte de apoio, incentivo e luz para aqueles ao meu redor, usando meu brilho e empatia para levantar os outros sem perder minha essência.

Meu lazer e minha alegria

Eu celebro a vida. Trago prazer e leveza para minhas escolhas, valorizo os momentos de alegria e diversão como fundamentais para minha energia. Canto, rio e permito que meu entusiasmo contagie. Essa vibração não é um luxo, mas uma necessidade para manter meu brilho vivo e minha essência natural.

Por fim, a assertividade é como um músculo: quanto mais exercitamos, mais forte ele fica. Com o tempo, você começa a perceber como essas pequenas mudanças impactam positivamente suas relações e sua qualidade de vida. E posso dizer com toda certeza: vale a pena!

"Quando sou assertiva, sei que minha voz tem o poder de abrir portas, transformar relações e me levar exatamente aonde sempre sonhei estar."

Brenna Galvão

Como este capítulo fortalece a sua jornada?

ANEL

Bruna Cavalheiro

Sou a Bruna Cavalheiro, natural de Salvador/BA, advogada e especialista no enfrentamento à violência contra a mulher. Durante anos, eu me dividi entre coordenadora do Loreta Valadares, diretora interina da diretoria de políticas para mulheres, palestrante, formadora e líder de projetos como o PARE.

Foi no auge da minha carreira que descobri que estava em um relacionamento abusivo, marcado pelo *gaslighting*. Essa revelação mudou tudo. Com a vida virada de cabeça para baixo, crise de identidade, uma mudança inesperada para Portugal se tornou o ponto de virada que eu jamais planejei, mas que transformou minha visão sobre dor, recomeços, perdão e liberdade. Descobri que as nossas feridas não são fraquezas, elas apontam para o nosso milagre. Transforme suas cicatrizes em força.

eusoubrunacavalheiro

FORTALESER

5

DE FRAGMENTOS A PROTAGONISTA: A FORÇA DE SER INTEIRA

Por Bruna Cavalheiro

FORTALESER

Eu me lembro de olhar para o espelho e não reconhecer a mulher diante de mim. Eu não sabia exatamente quando tinha me perdido, mas o peso das escolhas, as expectativas e a sensação de vazio eram inconfundíveis. Todas as versões de mim — aquela mulher que deveria ser forte, aquela que precisava corresponder às expectativas e aquela que um dia sonhou em ser livre — pareciam estar fragmentadas, espalhadas por todos os cantos da minha vida.

Como referência no enfrentamento à violência contra a mulher, eu sempre acreditei que seria capaz de identificar qualquer sinal de abuso. Mas foi em um momento de coragem, ao confrontar o silêncio opressor de um relacionamento marcado por *gaslighting*, que percebi que até mesmo eu, uma mulher consciente e preparada, podia me perder. Foi ali que minha jornada começou. Uma jornada que não foi fácil, mas que me mostrou o poder transformador de assumir o protagonismo da minha história. Aceitei um convite para me candidatar à política, pelo grande trabalho realizado como gestora e referência no serviço. Mas uma coisa faltava: me perdoar.

Tomar a decisão de sair daquele relacionamento foi como atravessar uma ponte em chamas: não havia como voltar atrás, mas o futuro parecia um território desconhecido. E uma voz ainda ecoava dentro de mim: “Como fui tão estúpida?”. Eu precisava de um tempo para mim, então arrumei a mala e comecei a viajar pelo Brasil: São Paulo, Fortaleza, Morro de São Paulo... E o vazio permanecia. Foi então que decidi tirar três meses sabáticos e embarquei para Portugal — sim, eu fugi.

Recomeçar em Portugal nunca esteve nos meus planos. Na verdade, minha ida foi apenas um escape para recarregar as energias após tantas mudanças dolorosas. Mas algo extraordinário aconteceu, após priorizar o meu espiritual como nunca em toda a minha vida; conheci o sobrenatural nas praias desertas do Algarve. Quando chegou o momento de voltar ao Brasil, senti no meu coração um chamado tão claro, tão forte, que era impossível ignorar. Foi como se Deus estivesse me dizendo: “Fique. Eu estou aqui com você”.

Os sinais começaram a aparecer de forma quase inexplicável, confirmando essa decisão. Não era algo premeditado ou organizado; eu não tinha emprego, nem rede de apoio ou sequer um plano. Tudo o que eu tinha era uma mala, minhas dúvidas e a certeza inabalável de que essa era a vontade de Deus para a minha vida. Essa confiança me sustentou, mas também me deixou vulnerável.

O avião que deveria me levar de volta ao Brasil partiu vazio de mim, mas não de significados. Decidir ficar em Portugal sem qualquer planejamento foi como abrir mão de um mapa em meio a uma tempestade, guiando-me apenas pela intuição e pela fé de que algo maior estava me conduzindo. Quando embarquei naquela viagem inicialmente planejada como uma pausa, jamais imaginei que seria o início de uma transformação que moldaria não apenas minha vida, mas também minha identidade. Sem um plano, precisei aprender a confiar no processo. Os obstáculos, que pareciam tão grandes, tornaram-se mestres em me ensinar paciência e resiliência.

Portugal foi uma escolha do coração, não da razão. Aquele país, com suas ruas históricas e um céu azul que parecia infinito, se tornou meu refúgio. Porém, permanecer ali, à queima-roupa, me colocou diante de desafios que eu não estava pronta para enfrentar — mas que, de alguma forma, sabia que precisava viver. Os primeiros meses foram uma dança entre o desconhecido e a minha determinação. Eu me lembro da procura por apartamento em Lisboa, sem conhecer bem a cidade, com o coração confiante e o orçamento limitado. Em cada ligação negada, em cada visita que não dava certo, sentia a pressão do desconhecido e de não ser ninguém. Aquela Bruna, advogada, líder e referência não era nada aqui; tinha ficado no Brasil. Lidar com a solidão era outro teste. Estava acostumada ao calor humano, às conversas diárias com pessoas próximas. Agora, eu me via sentada sozinha em um pequeno café, observando o movimento ao meu redor, mas sem pertencer de fato àquele lugar.

Nesse momento, sucumbi à solidão e cometi um erro que quase pôs a perder o meu propósito: decidi entrar em um aplicativo de relacionamento movida à mais estúpida das motivações: carência. E foi então que entrei em um relacionamento, dessa vez, tóxico. Por total desequilíbrio emocional, que me custou um ano da minha trajetória. Foi nesse momento que percebi e senti na pele a realidade das mais de quinhentas mulheres assistidas por mim no centro que coordenava e que não poderia simplesmente sobreviver àquele desafio; eu precisava crescer com ele.

Os dias solitários me forçaram a olhar para dentro e encarar verdades que, até então, eu tinha escolhido ignorar. Descobri que muito do que eu acreditava ser força era, na verdade, uma máscara para esconder minhas inseguranças. Eu me afastei das redes sociais, não me sentia digna de continuar "ajudando" mulheres, uma completa impostora.

Longe das minhas raízes e sem as certezas de antes, trouxe à tona traumas que eu nem sabia que carregava. Em meio a essas reflexões, uma palavra começou a ecoar em minha mente: "perdão". Entendi que esse era o caminho: me perdoar para reconstruir não só minha vida, mas também a minha identidade. E foi nessa jornada de adaptação, entre as dificuldades e os aprendizados, que comecei a perceber a força e a beleza de ser autêntica, mesmo em meio ao caos.

Portugal me ensinou que, às vezes, precisamos nos afastar de tudo que conhecemos para finalmente nos encontrar. E que a mulher que você busca está dentro de você, esperando o momento certo para se revelar. As dificuldades práticas de recomeçar do zero eram palpáveis, mas os maiores desafios estavam dentro de mim. Eu precisava redescobrir quem era, além das expectativas que eu mesma tinha criado. Para isso, comecei a buscar momentos de conexão comigo mesma. Passei a caminhar diariamente pelas ruas de Lisboa, observando os detalhes ao meu redor e permitindo que o ritmo lento daquele lugar acalmasse minha mente agitada.

Foi em uma dessas caminhadas que a ideia de fazer as pazes com as mulheres que habitam em mim tomou forma. Aos poucos, a mulher que se escondia atrás de suas feridas começou a dar espaço àquela que enxergava as cicatrizes como medalhas de sobrevivência. Adotei práticas de autocuidado como parte essencial dessa transformação. Meditação, leituras, exercícios físicos e até mesmo o simples ato de respirar profundamente enquanto olhava para o Tejo se tornaram pequenos rituais de cura.

Cada hábito que incluía na minha rotina era como uma peça de um quebra-cabeça que finalmente começava a fazer sentido. Mesmo sem perceber, estava traçando o mapa de um novo caminho. E, ao contrário do que eu imaginava, ele não precisava ser planejado nos mínimos detalhes; precisava apenas ser vivido.

Trabalhar com estética em Portugal me conectou profundamente com mulheres em situação de vulnerabilidade emocional. Muitas delas enfrentavam batalhas silenciosas, lidando com baixa autoestima, depressão e, em alguns casos, situações de violência nos relacionamentos. Cada encontro ia muito além de tratamentos superficiais; eram momentos de acolhimento e escuta. Enquanto elas se abriam, compartilhando suas dores e inseguranças, eu redescobria minha própria força e propósito. Foi por meio da estética que encontrei o caminho de volta para a "Bruna, referência no enfrentamento à violência contra a mulher". Ao ajudá-las a enxergar sua própria beleza e força, eu também reafirmava a minha missão de inspirar e transformar vidas.

Com o tempo, percebi que minha vulnerabilidade era, na verdade, meu maior poder. Aprendi a acolher minhas emoções, aceitar meus erros e a celebrar pequenas conquistas. Foi nesse processo que compreendi algo essencial: a verdadeira força está em se permitir ser, em toda a sua autenticidade, sem medo de julgamentos ou comparações. Hoje, olhando para trás, vejo que cada escolha que parecia incerta era, na verdade, uma porta para a minha liberdade e que somos capazes de criar destinos quando temos coragem de nos desafiar.

Portugal não é apenas o cenário de um recomeço, mas o lugar onde todas as peças da minha história começaram a se encaixar. Cada desafio, cada lágrima e cada vitória me ensinaram que a transformação não acontece apenas no exterior — ela começa no coração. Minha trajetória não é apenas sobre mudanças externas, mas sobre reencontrar a mulher que sempre esteve dentro de mim, pronta para ser protagonista da própria vida.

Hoje, carrego comigo não apenas as memórias dessa fase, mas também a certeza de que as crises são, na verdade, oportunidades de crescimento disfarçadas. Tenho o orgulho na missão de inspirar outras mulheres a fazerem o mesmo: abraçar suas versões mais autênticas, reencontrar sua força e transformar suas vidas de dentro para fora. Seja enfrentando relacionamentos abusivos, recomeçando do zero em um novo país, ou simplesmente buscando resgatar o brilho nos olhos; minha história é a prova de que é possível.

Mas essa é apenas uma parte da jornada. O que eu aprendi vai muito além dessas páginas. Nos bastidores da minha vida, entre vídeos, conteúdos e interações no meu Instagram, compartilho diariamente ferramentas práticas, reflexões e histórias reais para ajudar outras mulheres a reescreverem suas próprias narrativas. Se você chegou até aqui, talvez essa seja a sua vez de se perguntar: "Quais de mim você procura?". Espero que, juntos(as), possamos encontrar a resposta.

E se você, que está lendo este capítulo, também sente o chamado para mudar algo em sua vida, saiba que não precisa ter todas as respostas antes de começar. Apenas confie no processo, dê o primeiro passo e busque estar em conexão com Deus. É na comunhão espiritual que conseguimos silenciar o ruído ao nosso redor e ouvir a nossa verdadeira voz interior. Muitas vezes, os maiores recomeços nascem de decisões aparentemente irracionais, mas que carregam um profundo propósito, revelado apenas quando nos permitimos caminhar lado a lado com a nossa fé.

Afinal, o que mais podemos conquistar quando decidimos ser protagonistas da nossa própria história?

"Transformar-se não é sobre mudar, mas sobre encontrar a força para ser quem você nasceu para ser."

Bruna Cavalheiro

Como este capítulo fortalece a sua jornada?

Cilésia Tanke Pena

Sou Cilésia Tanke Pena, natural de Espera Feliz/MG, mãe de Daniel e Tiago Tanke. Atualmente, resido em Viena, na Áustria, mas já são trinta anos vivendo e trabalhando na Europa, conectando-me com inúmeros países, pessoas, idiomas e culturas.

No Brasil, atuei como professora de Educação Básica. Já na Europa, portas se abriram para mim no mundo corporativo. Há dez anos atuo em uma instituição financeira brasileira, em Viena, como secretária executiva. Minha experiência com viagens, mudanças e integração em diversas culturas foram um diferencial em meu desempenho e sucesso.

Sendo assim, no tocante à minha experiência com viagens e logística, especialmente a familiar, torna-se cada dia mais o meu propósito apoiar outros a vencerem o medo do desconhecido para chegarem em lugares sonhados ou, quem sabe, nunca imaginados.

Como minhas origens não justificam onde cheguei, eu me inspiro nas palavras de Lauro Trevisan (*apud* LUZ, 2006, p. 159): "Vá firme na direção das suas metas, porque o pensamento cria, o desejo atrai e a fé realiza".

cilesiapena

+43 664 3811537

cilesiapena@gmail.com

Cilésia Tanke Pena

FORTALESER

6

NÃO BASTA EXISTIR, É PRECISO CRESCER

Por Cilésia Tanke Pena

FORTALESER

Foi com o meu passaporte emitido em 30 de maio de 1990, pela Polícia Marítima do Rio de Janeiro, que, aos 20 anos, entrei em meu primeiro voo rumo à Frankfurt, na Alemanha, com parada em Brasil, Paraguai, Marrocos, Espanha e Bélgica. Dali, segui viagem de trem para Linz, na Áustria, onde vivi até 1996, quando a convite da Iberia, empresa aérea espanhola, eu me mudei para Viena, também na Áustria, de onde parti, no ano 2000, para viver em outros países e continuar expandindo meus horizontes, conhecendo lugares e pessoas incríveis, mas também sendo confrontada com diversidades e adversidades e desafiada a superar obstáculos, afinal, não é o que nos acontece que decide nosso destino, mas como nos posicionamos diante do acontecido.

Como dizia Charles Swindoll (*apud* LUZ, 2006, p. 113): “A atitude alimenta meu fogo ou destrói minha esperança. Quando tenho a atitude certa, nenhuma barreira é tão alta, nenhum abismo é tao profundo, nenhum sonho tao impossível e nenhum desafio grande demais para mim”.

Ao decolar em 1990, no Rio de Janeiro, eu só queria chegar na Áustria. Mas, com todas essas paradas, foi dada a largada de uma jornada internacional, na qual somente no céu chegarei na estação final, visto que nesta terra, enquanto eu viver, haverá em minha vida rotas, mapas, um mundo para conhecer, povos e culturas para admirar.

Enquanto muitos na minha idade, que passam por desafios semelhantes aos meus, pensam em se aposentar e buscam se fixar em um lugar para encontrar sossego, para mim, partir e chegar, decolar e aterrizar, ultrapassar fronteiras, desbravar novos lugares, me integrar, integrar outros e deixar minhas marcas, torna-se cada dia mais um propósito que me move, me aproxima do Criador e suas criaturas, me renova, me transforma, me rejuvenesce e enche meu coração de gratidão por um dia ter sonhado além do que meus olhos viram e ter chegado além do que minha mente imaginou.

Inspirada pelo brilho da certeza de que uma nova era de conquistas e realizações que surgem no horizonte dos meus sonhos se aproxima cada vez mais do meu hoje, sinto o desejo de que tudo que me emociona, me motiva, me inspira, me fortifica e me transforma seja estendido àqueles que me rodeiam e também sonham trazer seus sonhos do papel para a realidade. Portanto, com o melhor que a vida me outorgou, tenho me proposto a cada manhã ser ponte para aqueles que querem despertar seus sonhos e viver o aparentemente impossível, afinal, conforme disse Les Brown (*apud* LUZ, 2006, p. 83), "devemos procurar maneiras de ser uma força ativa na nossa vida, devemos assumir o comando de nosso destino, projetar uma vida sólida e verdadeiramente começar a viver os nossos sonhos".

Quando, ainda no Brasil, no Ensino Médio, eu cursava pela manhã o Magistério, trabalhava à tarde dando aula particular para crianças e à noite fazia o curso de Contabilidade. Eu tinha uma jornada tripla, entre estudos e trabalhos, era bem remunerada, mas subir aquele morro com o sol rachando era doloroso e meu sonho era ter uma moto. Foram três anos difíceis, muitos esforços e pouco lazer, mas não aceitava renunciar a nenhum deles.

Em 1987, concluí ambos os cursos e eles me foram úteis. O Magistério me preparou para dois anos de trabalho no Brasil e me ajudou na educação dos meus filhos; já a Contabilidade me deu a base para futuros cargos administrativos, financeiros e, por fim, fez toda a diferença quando minha primeira permissão de trabalho na Áustria foi solicitada.

Durante esses anos, eu estudava, trabalhava, atuava na igreja, confiava e sonhava com portas se abrindo para estudar fora, viajar o mundo, aprender idiomas e conhecer pessoas de todas as tribos, raças e nações — sonho este que Deus atendeu em 1990.

Cheguei com 20 anos em terras austríacas, sem falar alemão, mas estava animadíssima para aprender e desbravar o desconhecido. Fui recebida por amigas queridas e logo conectada com uma família austríaca. Aprendi alemão na Universidade de Linz. Esse foi um tempo incrível, ali tinha gente do mundo inteiro, cada qual com seus sonhos e desafios, e tudo me fascinava.

Estudei o idioma com muita dedicação e prazer, passava todos os dias estudando horas, tinha as paredes cheia de listas, inclusive com todos os verbos copiados do dicionário; meu caderno de redação é relíquia que guardo até hoje com muito zelo. Em oito meses fiz a prova, fui aprovada e desde então o alemão passou a ser minha segunda língua, a qual falo com muito orgulho e propriedade.

De acordo com minha situação socioeconômica, não havia base para sonhar tão alto, ser muito ousada e ambiciosa, mas meu inconformismo, com a escassez unida a baixas perspectivas de crescimento, dava asas às minhas imaginações e sonhei, sim, com oportunidades de uma vida melhor, mais promissora e interessante, com melhores condições.

Eu me lembro de que algumas vezes estive no Rio de Janeiro visitando o consulado austríaco, entre outros lugares, e voltando com informações sobre estudos, estadia, além de muitas revistas com os alpes e lagos cristalinos; eu ficava horas folheando as páginas e sonhando em estar um dia ali. Sim, sonhei, fui intencional e hoje frequento no verão e no inverno os alpes austríacos, onde tenho, inclusive, esquiado todos os anos e feito no verão caminhadas com vistas deslumbrantes.

Por tudo, sou grata a Deus e ao meu irmão (*in memoriam*), que raspou suas economias e financiou minhas passagens, me presenteou com uma mala, um relógio e 500 dólares para começar a vida.

Linz, na Áustria, foi minha primeira estação na Europa. Ali, aprendi o idioma, trabalhei em duas empresas, frequentei cursos profissionalizantes, fiz minha carteira de motorista e construí as primeiras amizades. Logo conheci as capitais, os lagos e outros lugares incríveis, visitei inúmeros países e o cenário sonhado estava diante de mim — eu era a protagonista do meu filme. Quatro anos depois, eu me mudei para Viena e fui trabalhar na Iberia e, com os benefícios oferecidos ali, viajei várias vezes para o Brasil, conheci vários outros países, sendo a Espanha o mais frequentado e preferido nessa época.

Em Viena, eu me casei, tive meu primeiro filho. Em seguida, veio a mudança para a Alemanha e, após um ano ali, mudei para a Holanda, onde nasceu em parto caseiro meu segundo filho. A estadia ali durou quatro anos. Aqueles foram anos de muito trabalho, com filhos pequenos, à procura de uma casa e posteriormente reformando-a. Tudo paralelo ao aprendizado da língua que estudei intensamente durante um ano, seguindo o sistema de integração para imigrantes.

Tudo foi concluído com sucesso, conquistei o diploma NT-2 Nível II e ainda fui convidada a ser líder voluntária na integração de inúmeros pais estrangeiros na escola de idioma. Dentro dessa função, viajei em time para Berlim e Paris, participando de projetos incríveis que focavam em diversidade, integração e no desenvolvimento humano na Educação Infantil. Foi uma honra conhecer de perto a vida no distrito de Kreuzbeg, em Berlim, e visitar escolas com um grande público internacional onde questões sociais, religiosas e políticas eram parte do dia a dia.

Após a Holanda, residi por cinco anos em Hamburgo, no norte da Alemanha. Esta mudança não foi fácil, pois tive de abdicar do meu lindo trabalho de voluntária, que já prometia evolução profissional, assim como do reconhecimento dos meus diplomas que finalmente me daria acesso ao ensino superior europeu, além de deixar para trás uma casa própria recém-reformada, com muitos esforços e todas as amizades conquistadas.

Em Hamburgo, nem o idioma e nem a cultura me preocupavam, mas tudo que foi deixado na Holanda me pesava no coração, e o desconhecido, dessa vez com duas crianças e sem parentes por perto, me desafiava. Ali passei cinco anos, não consegui estudar, mas a integração aconteceu, eu me tornei ativa em diversos setores da igreja e isso foi maravilhoso, fiz amizades, abri minha empresa de representação e evoluía, mas meu divórcio paralisou o processo. Ao meu redor, eu via somente cinzas, das quais, porém, ressurgi para estar em lugares honrosos preparados por Deus para mim, sendo este aqui um deles. Eu creio!

Como disse Ayrton Senna (*apud* LUZ, 2006, p. 95), "Não podemos voltar atrás e fazer um novo começo, mas podemos recomeçar e fazer um novo fim", e assim tem sido — desistir, jamais.

Após ter estado cinco anos com meus filhos no Brasil, buscando nos *FortaleSer*, regressei de forma curiosa e impactante para a Áustria. Hoje, aqui estou, vivendo sob os cuidados de um Deus amoroso, que nem tarda e nem falha e age no tempo certo a favor de seus filhos, restaurando e ressignificando histórias.

Em total, foram inúmeras idas e vindas, e a jornada ainda não acabou. Ainda há muito para receber e oferecer, muito para sonhar, viver, aprender, celebrar e... viajar! E o que dizer sobre "a dificílima e dangerosíssima viagem de si a si mesmo: pôr o pé no chão do seu coração, experimentar, colonizar, civilizar, humanizar... o homem — quem estará equipado?" (ANDRADE, 1992, p. 382-383).

É preciso muita **determinação** e **coragem** para superar obstáculos, se erguer de crises e prosseguir, mas desistir, jamais. E aqui estou, me sentindo abençoada e desejosa de ser bênção para aqueles que se sentirem inspirados pela minha história, assim como eu por vezes já fui inspirada pela de outros que, como minha admirável mãe (*in memoriam*), no final da jornada, puderam bradar: "Combati o bom combate, terminei a corrida, guardei a fé" (2 Tm 4:7).

"De tudo ficam três coisas: a certeza de que estamos sempre começando, a certeza de que precisamos continuar, a certeza de que seremos interrompidos antes de terminar. Portanto, devemos fazer da interrupção um caminho novo, da queda, um passo de dança, do medo, uma escada, do sonho, uma ponte, da procura, um encontro" (PESSOA *apud* LUZ, 2006, contracapa).

Emocionada pelos cuidados que Deus sempre teve comigo, finalizo com passagens de Isaías e Deuteronômio:

"O Senhor o guiará constantemente; satisfará os seus desejos em uma terra ressequida pelo sol e fortalecerá os seus ossos. Você será como um jardim bem regado, como uma fonte cujas águas nunca faltam" (Is 58:11).

"O próprio Senhor irá à sua frente e estará com você; ele nunca o deixará nem o abandonará. Não tenha medo! Não desanime!" (Dt 31:8).

Referências bibliográficas

ANDRADE, C. D. *Carlos Drummond de Andrade*: poesia e prosa. Rio de Janeiro: Editora Aguilar, 1992.

BÍBLIA SAGRADA. Nova versão internacional. Disponível em: https://www.bibliaonline.com.br/nvi/livros. Acesso em: 20 fev. 2025.

LUZ, D. C. *Fênix*: renascendo das cinzas. São Paulo: DVS, 2006.

"A jornada ainda não acabou, ainda há muito para receber e oferecer, muito para sonhar, viver, aprender e celebrar — desistir, jamais."

Cilésia Tanke Pena

Como este capítulo fortalece a sua jornada?

Crédito: Silvana Crivello.

Cristina Reis

Sou Cristina Reis Ferreira, natural de Salvador/BA. Resido em Estepona, na Espanha, e compartilho minha vida com meu companheiro David Smeath e com Peter, nosso cachorro. Estou próxima à minha família e ao meu filho Vinícius Ferreira.

Minha trajetória não foi fácil, enfrentei desafios pessoais e profissionais. A paixão pela culinária foi meu alimento para superá-los. Como *chef* autodidata e fundadora da minha empresa Reis Infinite Flavors, sou especialista em gastronomia japonesa fusão, mediterrânea, saudável e brasileira. Com quinze anos de experiência na Espanha, transformei minha vida por meio da culinária, ajudando pessoas a descobrirem seu potencial na cozinha, melhorando a vida.

reisinfiniteflavors

+34 686 63 78 78

contacto@reisinfiniteflavors.com

reisinfiniteflavors.com

7

ALIMENTO ANCESTRAL, ESSENCIAL CONEXÃO AO CORAÇÃO

Por Cristina Reis

FORTALESER

Na vida vivemos momentos marcados por antes e depois, e entre eles estão acontecimentos que contribuem para dizer quem somos agora. Na cidade de Salvador, pai é "painho", mãe é "mainha", assim falamos em "baianês", dialeto da Bahia. Antes me diziam Tina, agora me dizem Cristy.

Tive minha infância marcada por ser uma menina alegre, extrovertida e comunicativa, criada entre Salvador, Cachoeira, no recôncavo baiano, e a ilha de Mar Grande. Sim, tive uma infância humilde e feliz. Filha de pais separados, éramos três irmãos.

Nas férias escolares, acompanhava meu pai, Gilson Ferreira, pedreiro de profissão, ao sítio da minha avó paterna, Maria. Brincava, comia frutas diretamente da árvore, me encantava a plantação de mandioca que minha avó cultivava, da mandioca ela fazia farinha, tapioca e beijus, uma verdadeira demonstração de criatividade culinária.

Na cidade de Salvador, vivi com minha mãe, Florência Reis, funcionária de profissão. Nas férias de Carnaval, viajávamos à ilha de Mar Grande, cruzávamos o mar em catamarã, visitávamos meu avô materno, Mário, eu escutava suas histórias engraçadas, brincava na praia, saboreava a moqueca de mariscos e de peixe, sabor único que permanecem vivos na minha memória.

O meu "antes" está marcado com sabores, cheiros de ingredientes da comida ancestral baiana. Por que ancestral? Por milhares de anos nossos ancestrais estabeleceram uma relação íntima com a natureza, alimentando-se do que o ambiente oferecia de mais puro e nutritivo. Cresci me alimentando de mandioca, banana da terra, e acarajé, conhecido também como bola de fogo, que é feito de feijão fradinho frito no azeite de dendê, alimentos que fortalecem, animam e sustentam para sobrelevar o dia a dia com amor. Na Bahia, filha de baiana, baiana é.

Sou neta e filha de baianas do acarajé. Era ofício extra da minha mãe, que aprendeu com a minha avó, Emília, que ensinou às suas cinco filhas, perpetuando esta tradição de geração a geração. Preparar a mercadoria; colocar o lindo turbante na cabeça; ao sair de casa, agradecer e pedir proteção a Deus, aos guias e ao senhor do Bonfim para ter vendas abençoadas; montar o tabuleiro com esse quitute maravilhoso — assim faz a baiana do acarajé. Cercada por essa referência da alimentação ancestral, herança do candomblé, religião africana com a qual também tive contato, eu ainda criança brincando de boneca, subia no banco de madeira para mexer a panela grande de caruru no terreiro e ajudava a preparar outras iguarias de sabores únicos.

Quando eu tinha 8 anos, meu pai, que já estava doente, veio a falecer, um golpe duro que eu não entendia; sentia muita falta do abraço forte e carinhoso do meu pai. Foi difícil ver a preocupação da minha mãe para trazer alimento o suficiente para casa. Nilziane, minha irmã mais velha, já tinha aprendido o ofício de baiana, não estava tão longe para eu e meu irmão Gilvan aprendermos e, quando assim aconteceu, eu estava com 12 anos. Na Bahia, seja homem ou mulher, todos aprendem a fazer acarajé. Minha adolescência foi estudar e vender acarajé.

Aos 17 anos, fui mãe solteira, aqui foi onde começou a forte mudança na minha vida. A Cristina adolescente teve que amadurecer, cuidar do seu bebê, Vinícius, com dois trabalhos (fotocopiadora e baiana de acarajé), e concluir os estudos à noite. Preocupada em alimentar meu filho, meu único desejo era não viver a mesma dificuldade da minha mãe. Continuei com a rotina da vida, sem nunca deixar de sorrir, cantar, dançar; ainda na dificuldade, sou alegria. O grande espírito sabia de minhas lágrimas e o desejo do meu coração em dar um melhor futuro ao meu filho.

Um dia, conheci um casal galego residente em Salvador, natural da Espanha, casal com uma idade média de 60 anos. Eles procuravam uma pessoa para viajar com eles para a Espanha. Viajei como empregada doméstica deles em duas oportunidades. A primeira viagem, em 2002, tudo era novidade; me apaixonei pela Espanha. A segunda viagem, em 2006, fui com conhecimentos e decidida a viver na Espanha.

Essa família galega foi minha introdução como imigrante. Aprendi com a senhora receitas da culinária galega, ela gostava de cozinhar e assim veio minha referência do sabor caseiro. Eu me lembro de que não gostava de cozinhar, não sabia fazer um bom refogado; ela me ajudou a combinar os vegetais, entender o tempo exato de cada ingrediente. Até então, minha impaciência na cozinha era meu problema.

Como toda história de imigrante, a minha não foi tão diferente. Decidida a construir um futuro melhor, ter que deixar para trás meu filho e minha família foi um momento duro, porém necessário para mudar o meu futuro. Tive inúmeros momentos, maravilhosas pessoas e oportunidades que moldaram a pessoa que sou hoje.

Parte do meu caminho fiz em Palma de Mallorca, onde vivi por treze anos; alcancei muitas bênçãos e vitórias, nunca perdi a fé no grande espírito que me guia.

Em 2011, minha mãe sofre um derrame cerebral, um momento difícil no qual viajei ao Brasil decidida a trazer meu filho. Foi duro deixar minha mãe naquela situação. Perdi parte da infância do meu filho; ao mesmo tempo, ganhei amor trabalhando como babá e vivi a infância de outras crianças. Sou grata a cada mãe maravilhosa que confiou em mim. Foi uma criança que me fez ver a fortaleza em minhas delicadas mãos. História de uma torta de aniversário do Rei Leão. Aqui tudo começou.

Uma patroa que hoje é amiga abriu-me as portas da cozinha do seu restaurante japonês fusão. A partir daí, não parei de estudar, com livros e vídeos, e pratiquei receitas japonesas. Na segunda experiência, fui chef de cozinha na churrascaria brasileira de uma cliente e amiga que confiou nas minhas receitas, nos meus sabores e na minha gestão do buffet, inclusive as sobremesas. A cada pessoa que me abriu as portas ao mundo da gastronomia, sou grata — e às que fecharam, também. Fases importantes da gastronomia: dirigir duas cozinhas aprendendo com livros, minha intuição e o desejo do meu coração em aprender cada dia mais.

Ainda sem experiência em uma cozinha de nível profissional, depois das experiências anteriores, fui selecionada para uma entrevista em um hotel *boutique* gastronômico cinco estrelas. Com base no conhecimento adquirido na culinária japonesa, conquistei o posto de *chef* de partida, no qual fui dirigida por um *chef* executivo exigente, além de trabalhar com maravilhosos colegas, sendo que alguns hoje são amigos. Aprendi texturas, técnicas francesas, receitas mexicanas, nikkeis e mallorquinas. Juntos, compartilhávamos o mesmo amor pela arte culinária.

No entanto, nesse período desafiador e cheio de bênçãos, muitas pessoas próximas mim não sabiam que eu passava por um problema de saúde: hipertensão e muitas feridas nas mãos. Isso foi duro para mim, fiz muitas provas médicas, recebi o diagnóstico de lúpus eritematoso sistêmico, doença autoimune. Foi um momento em que eu não sabia o que fazer, senti que vivia com uma bomba-relógio. Eu já tinha uma boa alimentação livre de glúten, açúcar e lactose, fazia aula de yoga e meditação. A vida na cozinha gera muito estresse. Encontrei ferramentas que me ajudaram a dominar o lúpus. Uma delas, dentro do caminho lakota, em um retiro espiritual na montanha em Vic, em Barcelona, onde aprendi o valor de agradecer a todo alimento, de cantar e abençoar, com uma avó mexicana. Tudo foi amor. Deus está em todas as partes, eu me conectei à cultura ancestral lakota.

Desde que cheguei na Espanha, meu coração palpitava muito por Andalucia e sua cultura alegre. Foi quando meu amigo e *chef* executivo me ligou e decidi aceitar sua proposta para o posto de *sous chef*, em uma cafeteria *health food* de Marbella. Mudei de cidade, recomecei, mas dessa vez com a segurança da experiência culinária em Mallorca, pois, sendo curiosa, aprendi escutando e observando, aplicando o aprendizado de superiores e companheiros. Eu digo que simplesmente é copiar e pegar o aprendizado dos melhores profissionais, melhorando habilidades. Ocupei o posto de *sous chef* na cafeteria *health food* e meu amor por comida saudável só aumentou.

Tudo estava bem e sopraram forte ventos. No entanto, eu me sentia extremamente cansada e, outra vez mais, precisei passar por uma rotina de médicos até ter o diagnóstico: derrame pericárdico causado pelo lúpus e, sendo assintomática, não tinha dores. Imediatamente, fui internada e, logo após a alta médica, fui despedida da cafeteira. Dias depois, chegou a pandemia mundial. Tudo parou, eu também. Nesse momento, eu me dediquei à minha recuperação. Após a pandemia, as condições na gastronomia estavam mal. Meu irmão Gilvan veio a falecer de uma parada cardíaca. Decidi ir ao Brasil com meu filho visitar minha mãe. Mais uma vez, encontrei minha família na mesma situação, vivendo no bairro que a criminalidade tem ação maior. Decidi trazer minha mãe e minha irmã para a Espanha. Não foi fácil, mas foi a melhor decisão, sou grata e feliz de tê-las aqui. Com o tudo o que aprendi no caminho e decidida a iniciar algo meu, em 2022, entre dúvidas e fortaleza, dou início ao meu projeto pessoal.

Nasce minha empresa Reis Infinite Flavors, uma proposta que une sabor, qualidade e amor. A ideia é simples: alimentar o corpo e nutrir o coração com amor em cada elaboração. Faço com que cada receita tenha conexão com ingredientes ancestrais (acesse o meu código *QR Code* para ver meu menu, com ingredientes ancestrais em uma fusão de sabores).

Aprender com exigência, desafios e disciplina ajuda você a ser forte. Aprender e ensinar com esses fatores são conquistas que têm muito valor. Ensinar e formar companheiros sem experiência e ter que formar minha melhor amiga e minha irmã na cozinha foi desafiante, já que ambas conheciam a Cristina amiga e irmã, mas não conheciam a Cristina profissional de cozinha. Minhas exigências, normas e disciplinas culinárias aplico com determinação. Hoje, elas são profissionais de cozinha e tenho orgulho delas; são exemplos de pessoas que desejam aprender e se deixam ensinar. Juntas, com as nossas diferenças, aprendemos e superamos desafios. Sou grata a elas, pois hoje entendem o caminho.

Que alimento você crê que se conecta com a sua essência e qual tem relação com seus ancestrais? Esse alimento que, quando você tem nas mãos, dá alegria ao coração. Tenha esse alimento entre suas mãos e seu coração, respire e agradeça a todos que se alimentaram com ele antes de você. Agradeça que agora é seu alimento de corpo e alma, confia passo a passo com amor.

"Ainda que o caminho
para cultivar seu
alimento seja de
medos e adversidades,
semeie coragem e fé,
colhendo um alimento
forte em amor."

Cristina Reis

Como este capítulo fortalece a sua jornada?

Deyse Marinho

Eu sou Deyse Marinho, cristã, uma mulher determinada, resiliente e apaixonada pelo que faz. Encontrei em Deus a força para recomeçar e o propósito de transformar ambientes e vidas com amor, dedicação e criatividade.

Sou mãe da Gabrielly, de 14 anos, e noiva de Philippe Monteiro, um homem incrível que Deus colocou em minha vida. Tenho 38 anos, nasci em Natal/RN e vivo em Portugal há mais de dezoito anos.

Sempre fui conhecida por ser bailarina. Até que, aos 30 anos, Deus colocou no meu coração a necessidade de recomeçar. Foi então que deixei os palcos e iniciei uma nova jornada.

Hoje, sou empresária, atuando no *design* de interiores e na fabricação de mobiliário com mais de 180 projetos pela Europa, criando espaços únicos que refletem sonhos e recomeços.

deysemarinhointeriores

FORTALESER

8

DECIDA SER

Por Deyse Marinho

FORTALESER

Você também pode nascer de novo

8 de agosto de 2019, o dia em que eu quis desistir da vida. Houve um tempo em minha vida em que quis desistir, não via mais sentido em viver e tudo ao meu redor parecia cinza. O mundo era cruel, cheio de dor e injustiça, e eu já não tinha forças para continuar. Estava pronta para desistir de tudo. A pressão de ser forte, a cobrança de dar conta de tudo e os monstros internos do meu passado que me perseguiam eram insuportáveis.

De repente, acordei para o que estava prestes a fazer. Comecei a chorar, mas não chorei por mim. Em nenhum momento pensei no que eu perderia ou no que poderia acontecer comigo. Meu pensamento estava nas pessoas que me amavam: filha, mãe, amigos. Não queria que sofressem, foi por eles que eu não tive coragem e que decidi continuar. Nunca era por mim.

Foram dias e noites difíceis. Trabalhava até às 4 horas da manhã. Exausta, precisava me levantar às 7 horas para levar minha filha à escola. Acordava atrasada, me sentia culpada, mas continuava. Eu batalhava, queria construir minha independência financeira e a estabilidade da minha empresa e da vida. Sofria em silêncio, pensava que ninguém entenderia o que eu sentia. As pessoas ao meu redor viam a mulher alegre e guerreira. Estava a começar uma nova carreira, era batalhadora e a amiga que estava sempre presente. Mas ninguém via o que estava acontecendo por dentro. Eu me sentia pequena, frágil, quebrada.

Depois daquele dia, eu sabia que precisava mudar. Mas mudar não é o que muitas vezes imaginamos. Mudar não é trocar de país, de trabalho, de parceiro ou de casa. A verdadeira mudança não está fora, está dentro. É como nascer de novo.

É possível nascer de novo? Nascer de novo foi como fazer um *reset*, aprender a andar novamente, passo a passo, só que dessa vez precisava de consciência. Eu sabia que precisava renascer, mas não tinha ideia de como seria esse processo.

Em 2020, me deparei com o conceito dos pilares da vida. Percebi que minha vida estava completamente desequilibrada. Meu foco estava, quase exclusivamente, em carreira e metas financeiras, enquanto outros pilares, como espiritualidade, saúde, lazer e família, estavam praticamente abandonados. Eu me dedicava ao trabalho, tentando ser a melhor profissional possível, mas, no fundo, sentia que algo ainda estava errado. Apesar de todo o esforço, o vazio persistia. Minha empresa crescia, o faturamento aumentava, mas, curiosamente, o dinheiro não dava e eu estava exausta. Quanto mais eu trabalhava, mais parecia estar a perder.

O cansaço do "fazer" sem "ser"

Por muito tempo, eu acreditava que ser forte significava resistir. Para diminuir a carga, decidi contratar mais pessoas para a equipe. A empresa cresceu. O faturamento disparou. Mas, com isso, minha exaustão também aumentou. Mesmo alcançando metas e realizando sonhos, como a primeira viagem especial com a minha mãe — um momento de restauração do nosso relacionamento —, ainda assim não conseguia me sentir plena. **Decidi** parar, desacelerar e analisar: o que estava me faltando?

Precisava **ser** filha. Eu já tinha entregado a minha vida a Deus, eu sempre acreditei nEle e sabia que Ele estava comigo, mas, dessa vez, foi diferente. Convidar Deus para entrar em minha vida foi como ligar um GPS perdida em um labirinto. Eu comecei a estudar a Bíblia como meu manual de instruções. As palavras ganharam significado, como se cada versículo fosse escrito para mim.

Durante um encontro da igreja, enquanto o louvor tocava, fechei os olhos e tive uma experiência com Deus. Tive uma visão: eu era uma criança com 5 anos. Na visão, Jesus me acolhia em seu colo e me protegia e balançava, como uma mãe nina seu bebê. Senti uma paz tão profunda, como se Ele estivesse dizendo: "Filha, eu sou o seu Pai. Estou aqui para cuidar, proteger e ninar você. Calma, relaxa. Eu tenho tudo sob controle".

Aquela experiência transformou meu coração. Foi como se, pela primeira vez, eu realmente entendesse o que significa ser filha de Deus. Passei a descansar no Senhor, a confiar que Ele está no comando, que Ele cuida de mim e que eu não preciso carregar o peso do mundo sozinha.

A jornada de cura com meu pai (biológico)

Por muitos anos, eu acreditei que a ausência do meu pai não tinha me afetado em nada. Para mim, ele era um estranho: eu não sentia amor, raiva ou saudade. Era como se ele nunca tivesse existido. Mas ao trabalhar os pilares emocionais e financeiros da minha vida, descobri que essa ausência havia deixado marcas profundas. Pela primeira vez, senti raiva — raiva por ele não ter estado presente, por ter deixado minha mãe carregar todo o peso sozinha, enquanto eu lidava com traumas e solidão. Inconscientemente, associei dinheiro a algo ruim — talvez por isso ele nunca ficasse em minhas mãos, como reflexo de tudo o que minha mãe teve que sacrificar.

Deus começou a trabalhar o perdão em mim

A primeira grande lição foi parar de julgar. Ele me mostrou que cada pessoa carrega suas próprias batalhas, e aprender a enxergá-las com empatia me trouxe mais leveza. Quando parei de esperar perfeição dos outros, percebi que também me tratavam com mais gentileza. Isso me libertou de pesos desnecessários, abrindo espaço para uma vida mais plena.

Decisão

O primeiro passo foi conversar com Deus. Ele começou a trabalhar no meu coração, mostrando que o perdão era essencial para romper o ciclo. No início, eu disse: "Ok, eu perdoo!", mas não sentia nada de verdade, nem sabia como iria conseguir perdoar além da palavra.

Dei um passo à frente e fui ao Brasil, até a cidade do meu pai, mas, para mim, parecia ser uma pessoa indiferente. No ano seguinte, voltei a visitá-lo e, de repente, houve uma conexão. Algo incrível aconteceu. Era como se o peso de uma armadura de ferro saísse do meu corpo.

Foi nesse momento que compreendi o que significa amar sem condições. Senti uma paz que nunca havia experimentado antes e, pela primeira vez, me senti filha também do homem que me gerou. Eu comecei a entender o que significa amar verdadeiramente, sem condições. Isso trouxe uma paz que eu nunca havia experimentado antes. Finalmente, senti que era filha também do meu pai que me gerou.

Descobrindo o amor-próprio e a reconexão com o feminino

Foi quando compreendi o verdadeiro significado de Mt 22:39: "Amarás o teu próximo como a ti mesmo". Antes, eu entendia isso como "ame os outros acima de tudo". Mas Deus nos convida a amar o outro na medida em que amamos a nós mesmos. Só podemos oferecer amor genuíno quando aprendemos a nos amar.

À medida que descobria o amor-próprio, também despertava para o meu feminino. Aprendi que ser feminina não é sinônimo de fraqueza, mas sim de força — uma força que está na delicadeza, no acolhimento e no cuidado consigo e com o outro. Foi libertador aceitar que está tudo bem não conseguir realizar tudo hoje. Está tudo bem precisar de um momento de descanso. Ser vulnerável é ser humana e foi nesse processo de aceitação que encontrei minha essência.

Um dia, decidi que não precisava de uma ocasião especial para me cuidar. Peguei aquele conjunto de banho que estava guardado, tomei um banho relaxante, usei a espuma perfumada e me permiti sentir o momento. Usei os talheres dourados que esperavam visitas. Não foram os grandes feitos que marcaram minha transformação, mas essas escolhas diárias de me tratar com amor e cuidado.

Essa jornada me mostrou que o amor começa em mim mesma. Perdoar, aceitar e valorizar quem sou me deu forças para construir uma vida cheia de propósito e paz.

O homem bom que entrou na minha vida

Após liberar as mágoas do passado, perdoar meu pai e me conectar com meu feminino, algo maravilhoso aconteceu. Um homem bom entrou na minha vida. Sim, homens bons existem. Acredite! Eu também não acreditava. Por tudo o que vivi, por todas as decepções e ciclos tóxicos que repeti, era difícil acreditar que pudesse existir alguém assim.

Ele cuida de mim e está emocionalmente disponível de uma forma que eu nunca havia experimentado. É gentil, respeitoso e o mais importante: ele me valoriza pelo que eu **sou**. Parece que, ao me libertar do peso do passado, eu finalmente estava pronta e disponível para receber o que Deus tinha reservado para mim. Quando ele pergunta “Por que não encontrei você antes?”, eu respondo “Eu ainda não estava pronta”.

Agora é com você

Se você é aquela pessoa que está sempre disponível, aquela amiga que, quando ligam, você está pronta a ouvir com paciência, sem julgamentos e que, muitas vezes, coloca as necessidades dos outros acima das suas próprias, sempre tentando encontrar soluções e aliviar os pesos alheios, é importante antes se ouvir. Para cuidar do outro, você precisa cuidar si primeiro.

Constranger-se para não constranger o outro pode parecer uma atitude altruísta, mas, na verdade, pode adoecer você. Respeitar o outro não significa negar a si mesmo. É possível ser assertivo sem ser agressivo, expressar sua posição com gentileza, mas sem ceder ao medo de incomodar.

A força de decidir ser

Agora, quero convidar você a refletir: o que pode fazer hoje por si? Talvez precise perdoar, talvez precise aprender a dizer "não", ou talvez precise se lembrar de que você é uma filha amada de Deus. Seja qual for o passo, lembre-se: você tem valor, você merece o melhor e a força que você busca está em decidir ser tudo o que Deus planejou para você.

Agora, quero convidar você a um exercício simples.

1. Vá até um espelho, pode ser o do banheiro ou qualquer outro em sua casa.
2. Fique sozinha, em um espaço reservado. Feche a porta e se conecte consigo.
3. Olhe nos seus olhos e diga "Olá". Responda como se estivesse cumprimentando alguém especial.
4. Depois, pergunte:

- "Como você está hoje?";
- "O que você fez por você hoje?";
- "O que você decide fazer por você amanhã?".

5. Coloque uma música calma, feche os olhos e se abrace. Imagine que está abraçando alguém que você ama profundamente. Esse alguém é você.

Referência bibliográfica

BÍBLIA JFA Offline. Disponível em: https://bibliajfa.com.br/portuguese/mateus/22#!/portuguese/mateus/22. Acesso em: 31 jan. 2025.

"A paz que eu buscava
estava dentro de mim e
comecei a encontrá-la
quando me permiti **ser**."

Deyse Marinho

Como este capítulo fortalece a sua jornada?

Eliana Faria

Sou Eliana Faria, pastora, escritora e mentora. Minha jornada é marcada por dificuldades e, pela graça divina, pela oportunidade de fortalecer mulheres na fé, guiando almas para o propósito que Deus reservou a cada uma de nós. Hoje, moro na Espanha, onde busco influenciar vidas e reafirmar a fé cristã. Sou também coautora do livro *Virtuosas*, uma obra que inspira mulheres a abraçarem sua identidade espiritual e seu propósito.

A gratidão pela vida é o que me move. Cada dia é uma chance de viver o chamado de Deus, tocar corações e contribuir para um mundo melhor. Essa gratidão não é apenas um sentimento, mas um estilo de vida, que me permite enxergar o valor nos desafios e a alegria nas conquistas.

elianafaria0

elianabalbinofaria@gmail.com

FORTALESER

9

VULNERABILIDADE, ESSÊNCIA DA FORÇA INABALÁVEL

Por Eliana Faria

FORTALESER

C*hazak*. Em hebraico, essa palavra carrega em si a força que não se quebra, uma resistência que vem da alma. *Endynamósis*. No grego, significa capacitação, um fortalecimento interno que ultrapassa as circunstâncias externas. Hoje, quero convidar você a uma jornada em que essas duas realidades se encontram em uma das experiências mais paradoxais e transformadoras da vida: a vulnerabilidade.

Confesso que demorei a entender o poder que reside em estar vulnerável. Durante anos, associei a ideia de força àquilo que era inabalável, indestrutível. Mas a vida me ensinou que a verdadeira fortaleza não está em nunca cair, mas em se levantar quantas vezes for necessário. E, para isso, é preciso encarar nossas fragilidades.

Eu me lembro de um período de profunda dor emocional. Era como se meu coração estivesse em pedaços, cada fragmento gritando uma dor diferente. Perdi a conta de quantas noites chorei em silêncio, temendo que admitir a minha dor fosse dar ao mundo mais uma razão para me julgar. Naquele tempo, eu carregava uma armadura tão pesada que ela própria estava me esmagando.

Então, algo aconteceu. Foi em uma conversa simples com meu melhor amigo Espírito Santo de Deus que decidi tirar a armadura. Quando as palavras "Eu não consigo sozinha" saíram da minha boca, senti que naquele momento eu poderia ser eu, sem máscara e sem armadura. Sem me preocupar com julgamentos. E foi isto que recebi: abraço, compreensão e empatia. Foi como se Deus estivesse me dizendo: "Eu sou a sua força quando você está fraca. Deixe-me entrar onde você tem medo de ser vista".

Foi aí que percebi que eu podia fracassar. Olhando para mim, vi muitas vitórias, mas também vi muitas feridas de fracassos, muitas ainda estavam abertas, inflamadas, pulsantes e doloridas. Ah, como doía! E mesmo assim estava tudo bem, eu não precisava esconder para parecer ser forte.

Mas a verdadeira força se revelaria quando eu admitisse e decidisse revelar minhas vulnerabilidades, que seria meu primeiro e mais importante passo para uma reviravolta de resiliência e um período de cura e cicatrização. Eu precisei dizer: "Está doendo muito, a ferida está aqui e você tem a minha permissão para me tratar".

À medida que comecei a abrir espaço para a vulnerabilidade, algo surpreendente aconteceu. A dor não desapareceu imediatamente, mas comecei a enxergar as cicatrizes de um jeito diferente. Elas não eram mais marcas de derrota, mas sim testemunhos de sobrevivência. Cada cicatriz contava uma história de queda e superação. Percebi que ao admitir minhas fragilidades, estava acessando uma força que nunca tinha conhecido.

Vulnerabilidade é aceitar que somos humanos e que, como humanos, sentimos medo, dor, dúvida. Mas também é nela em que encontramos o coração pulsante da nossa coragem. Não é fraco quem chora; é forte quem tem coragem de sentir. Hoje, sei que minhas dores foram os caminhos pelos quais Deus me moldou. Ele transformou meu caos em testemunho, minha dor em um grito de esperança para outros. Há algo incrível em saber que as nossas feridas podem se tornar fontes de cura para quem nos cerca.

Talvez você, que está lendo estas palavras agora, se sinta assim: ferido(a), perdido(a), sem saber por onde recomeçar. Quero que saiba que suas cicatrizes não são o fim da história. Elas são um lembrete de que você sobreviveu e ainda pode florescer. Permita-se ser vulnerável, pois é na sua fraqueza que a força divina se aperfeiçoa. Seja gentil consigo mesmo(a). Abrace sua história, mesmo os capítulos que você gostaria de apagar. Há beleza naquilo que você superou e há esperança naquilo que ainda está por vir. Lembre-se: é na vulnerabilidade que se revela a essência da força inabalável.

E, assim, enquanto percorremos o caminho da vida, carregamos um convite divino de nos despirmos das armaduras que construímos com tanto zelo. Deus não pede que sejamos perfeitas; Ele pede que sejamos autênticas. Pois é na fraqueza que Ele demonstra o Seu poder e é na entrega que encontramos a plenitude de sermos amadas exatamente como somos. Permita-se sentir, permitir-se crescer. Sua vulnerabilidade não é sua prisão, mas o portal para uma força que o mundo ainda não viu.

Quero usar um exemplo extraído das Escritura Sagradas, que vai reforçar a inspiração deste capítulo.

Ana, mãe do profeta Samuel, é um exemplo de como a vulnerabilidade pode ser um canal para a força divina. Estéril em uma época em que o valor da mulher era ligado à maternidade, ela enfrentava a dor de não ter filhos e as provocações de Penina, outra esposa de Elcana. Apesar de sua angústia, Ana levou sua dor a Deus, derramando sua alma em oração no templo (1 Sm 1).

Mal-interpretada pelo sacerdote Eli, Ana explicou com humildade que estava em profunda aflição. Deus ouviu seu clamor e ela concebeu Samuel, dedicando-o ao serviço divino, mostrando fé e confiança notáveis.

A história de Ana ensina que a vulnerabilidade não é fraqueza, mas um convite para que Deus trabalhe em nós. Suas lágrimas regaram o solo onde sua fé floresceu, permitindo que a força divina se manifestasse poderosamente. Se você se sente sobrecarregado(a) como Ana, lembre-se de que Deus valoriza um coração quebrantado. Suas orações podem transformar dores em celebrações e dar propósito à sua vida. Confie nEle, pois é na fragilidade que Sua força se revela.

A pérola: uma metáfora de força na vulnerabilidade

Quero citar, neste momento, um dos mais belos paralelos encontrados na criação: o processo de formação de uma pérola. Poucos sabem que, no coração das águas, dentro de uma ostra, ocorre uma das transformações mais poéticas e profundas da natureza — um verdadeiro testemunho de como a vulnerabilidade pode se tornar força e beleza.

As pérolas são formadas dentro das ostras como uma resposta a um incômodo, geralmente um grão de areia ou outro elemento irritante que entra em sua concha. Esse pequeno intruso fere o interior macio da ostra, causando dor. No entanto, em vez de se entregar à irritação, a ostra reage produzindo camadas de nácar, uma substância composta de carbonato de cálcio e proteínas. Essas camadas, depositadas uma sobre a outra, não apenas protegem a ostra, mas transformam o grão de areia em algo valioso e belo.

O processo é lento e meticuloso. Cada camada adicionada reflete a resiliência da ostra, que não rejeita sua vulnerabilidade, mas a abraça como um ponto de transformação. Ao final, o que nasceu como uma ferida se torna uma joia rara, desejada por sua perfeição e brilho.

Em nossa caminhada, muitas vezes somos como a ostra, atravessando momentos de vulnerabilidade que nos machucam profundamente. Talvez seja uma perda, uma rejeição ou um desafio que parece grande demais para superar. Assim como o grão de areia na ostra, essas experiências podem parecer intrusos em nossa paz, causando dor e desordem.

Mas Deus, em Sua infinita sabedoria, nos deu a capacidade de transformar nossas dores em pérolas de força e beleza. Cada camada que adicionamos — por meio da fé, da resiliência e da esperança — não apenas nos protege, mas também nos molda, fazendo-nos brilhar com uma luz que só poderia vir de um processo tão profundo.

Assim como a ostra não luta contra o grão de areia, mas trabalha com ele, somos chamados a enfrentar nossas dores e fragilidades com coragem. Deus não promete uma vida sem dificuldades, mas Ele nos assegura que, em todas as coisas, podemos encontrar propósito. "Sabemos que Deus age em todas as coisas para o bem daqueles que O amam, dos que foram chamados de acordo com o Seu propósito" (Rm 8:28).

Ao aceitar nossas vulnerabilidades, damos a Deus espaço para trabalhar em nós. Ele pode pegar nossas feridas e transformá-las em testemunhos que brilham, tal como as pérolas. Assim como o nácar reveste o grão de areia, a graça de Deus cobre nossas imperfeições, trazendo cura e renovação.

Querido(a) leitor(a), qual é o grão de areia que está causando dor em sua vida hoje? Talvez seja uma situação que parece insuportável, uma ferida que não cicatriza ou um sonho que parece inalcançável. Lembre-se de que, assim como a ostra, você possui dentro de si a capacidade de transformar sua dor em algo extraordinário.

Não rejeite a vulnerabilidade, pois é nela que a força se revela. Cada camada que você deposita — cada oração, cada ato de fé, cada pequeno passo adiante — está criando algo mais belo do que você pode imaginar. Ao olhar para uma pérola, que ela seja um lembrete constante de que sua vulnerabilidade não é o fim, mas o começo de uma transformação divina. Assim como Deus usa a simplicidade da ostra para criar beleza no fundo do oceano, Ele pode usar cada uma de suas lutas para criar algo precioso em sua vida. Permita que sua história brilhe como uma pérola, testemunhando ao mundo a força que vem da vulnerabilidade entregue nas mãos de Deus.

Querido(a) leitor(a), chegamos ao final deste capítulo e quero agradecer profundamente por sua companhia nesta jornada. Vulnerabilidade não é fraqueza, mas o portal para uma força inabalável que nasce da nossa essência e da fé. Cada dor enfrentada, cada lágrima derramada, cada cicatriz que carregamos conta uma história de superação e nos conecta ao propósito divino.

Você, que chegou até aqui, é prova de que existe coragem na busca pela transformação e beleza na aceitação das suas fragilidades. Minha oração é que este capítulo tenha falado ao seu coração, trazendo consolo, força e esperança.

Lembre-se: Deus valoriza um coração sincero e quebrantado. É na sua vulnerabilidade que Ele revela o poder de uma força que nada pode abalar. Suas cicatrizes não são derrotas, mas testemunhos de vitória.

Com gratidão e carinho, encerro este capítulo, acreditando que sua história também será marcada por superações e renascimentos. Obrigada por permitir que minhas palavras toquem sua alma. Que você continue caminhando com fé, coragem e uma força que só cresce a cada desafio vencido.

Referência bibliográfica

BÍBLIA SAGRADA. Almeida, revista corrigida. São Paulo: Sociedade Bíblica do Brasil, s.d.

"Na vulnerabilidade, a alma floresce e a força divina tece sua obra mais sublime."

Eliana Faria

Como este capítulo fortalece a sua jornada?

Crédito: Monica Rodrigues.

Elisabete Freire

Sou Elisabete Freire, natural do Paraná. Resido em Cascais, em Portugal. Sou casada há quatorze anos com Cristiano Pio. Juntos, temos um filho muito amado, Mattew-Philipe, de 12 anos.

Fiz Teologia em Londres pelo Internacional Plenitude Seminary (IPS), servi como pastora em tempo integral em Londres e na Itália. Em Portugal, faço parte da liderança da Igreja Cristã Manancial de Águas Vivas (ICMAV) em um dos seus cinco propósitos (Pertencer), com acompanhamento holístico do visitante no seu processo até a membresia da igreja. Também atuo na liderança do Ministério CR (Celebrando Restauração), trabalho direcionado aos *singles* (solteiros, divorciados e viúvos), com os pastores Danilo e Havani Gurjal.

Sou empresária, parceira de negócio em uma multinacional.

saudavel.mp100

betepio

+351 962 601 210

freireuk@hotmail.com

FORTALESER

10

FORJADA NO ABANDONO E NA REJEIÇÃO

Por Elisabete Freire

FORTALESER

A perda do meu pai

Nasci no Paraná, Sul do Brasil, em 1968. Sou a filha do meio entre dois irmãos. Minha mãe era costureira e dona de casa, meu pai viajava muito a trabalho e acabou perdendo a vida em um acidente. Nós fomos para São Paulo quinze dias após o velório, para a casa de meus avós maternos; meu avô era um homem muito rígido e minha avó era uma mulher doce e submissa. Minha mãe trabalhava muito, saía muito cedo, voltava bem tarde todos os dias e nós três ficávamos com meus avós e tios.

Eu tinha de 4 para 5 anos e os abusos começaram; me causava uma sensação estranha e isso durou anos. Uma menina pequena e ingênua demais para entender o que estava acontecendo. Nessa época, minha avó ficou cega devido a uma doença: o glaucoma. Os problemas se agravaram no período escolar: dormia debruçada na mesa da sala de aula, tinha desmaios frequentes e acredito que minha família não teve conhecimento, não sabiam o que se passava comigo.

Eu me tornei uma menina triste, insegura e medrosa; existiam comparações nessa fase e isso não era bom. Toda vez que você ou outros comparam você a alguém, você é roubado da sua identidade. "Entre os maiores problemas de não reconhecermos quem somos de fato, estão a comparação, a insegurança e a baixa autoestima" (MADALENO, 2021, p. 45).

Minha mãe sofreu um acidente grave e ficou entre a vida e a morte. Nos meus 15 anos, ela estava de volta à nossa casa e eu cuidava dela na cama e da casa. Foi muito difícil; além da dor dos traumas e do medo de perdê-la, tentei falar algumas vezes sobre o assunto, mas não havia abertura.

Emancipação: por que eu?

Aos 17 anos, minha mãe, não sabendo lidar comigo nessa fase da juventude, me levou ao cartório e me emancipou. Eu não sabia o que viria a seguir, tinha que sobreviver. Órfã de pai e mãe, era como eu me sentia, e isso me trouxe muitas feridas e abriu portas para que abusadores percebessem essa carência e se aproveitassem, o que trazia mais dor e frustração. **Passei a indagar: será que o problema está em mim?** Por ter um corpo bonito e atraente, muitos se aproximavam de mim com intuito de se aproveitarem e eu me culpava.

Fui morar no estado do Espírito Santo e lá comecei a trabalhar e fazer amizades. Infelizmente, as coisas não caminhavam tão lindamente como eu sonhava, meu sonho de trabalhar e ter uma vida diferente estava longe de chegar. Outros abusadores apareceram, alguns até tentaram me aliciar para a prostituição. Foi a primeira vez que tentei tirar minha vida, mas, no fundo, não era o que eu desejava; era apenas reflexo de uma alma muito ferida, sedenta de ser amada, cuidada e acolhida.

"A maior barreira à própria cura não é a dor, a tristeza ou a violência infligida a nós quando crianças. O maior obstáculo é nossa capacidade contínua de julgar, de criticar e de causar um tremendo dano a nós mesmos. Se endurecermos nosso coração contra nós mesmos e confrontarmos nossos sentimentos mais ternos com raiva e condenação, estaremos simultaneamente protegendo nosso coração contra a possibilidade de gentileza, amor e cura" (MULLER *apud* HUBER, 2020, p. 9).

O poder da expressão "minha filha"

Um dia, eu estava em um barzinho próximo da praia de Camburi, em Vitória/ES, com alguns amigos. Naquele dia, eu comecei a beber. A angústia era tão grande, era um vazio na minha alma, que eu buscava por algo que não sabia o que era.

Num certo momento, eu ouvi uma voz doce e amorosa a falar comigo e me chamou de filha, expressão que, para mim, soava estranho, e me disse: "Filha, o que você está fazendo aqui? Este lugar não é para você". Eu me levantei e decidi ir para casa, os amigos não entenderam, mas eu sabia, aquela voz que falava comigo era Deus e uma pequena luz brilhou dentro de mim.

O poder da voz da sedução

Depois de um tempo, fui convidada para um retiro de jovens. Foi muito bom, porém a carência mais uma vez abriu portas para uma armadilha. Em vez de continuar a buscar aquela voz que me chamou de filha, abri meu coração para a voz de um homem mais velho que me chamou de linda. Eu me senti atraída por ele. Logo começamos a nos relacionar amigavelmente e, depois de um tempo, o envolvimento passou a ser romântico. Ele me transmitia segurança e afeto. Com o tempo, descobri que ele estava noivo de outra pessoa e, mais uma vez, abriram-se feridas no meu coração; voltei a me sentir rejeitada e solitária. O desamparo causa muitos transtornos emocionais.

Ouvindo a voz de Deus por meio da Paulina

Conheci uma mulher chamada Paulina. Ela começou a dizer para mim o quanto eu era especial para Deus, o quanto Ele me amava. Eu havia passado por um período de revolta contra Deus, eu não sentia o amor de dEle na minha vida, não entendia como Ele me amava e a minha vida era tão escura, mas a Paulina dizia: "Bete, você é filha amada do Pai, mesmo que seu pai, sua mãe não tenha dado amor suficiente, o Senhor tem amor para você, entregue sua vida a Ele". E essas palavras vinham com muita força e autoridade.

"A escuridão não pode expulsar a escuridão, apenas a luz pode fazê-lo. O ódio não pode expulsar o ódio, apenas o amor pode fazê-lo" (KING JR. *apud* HUBER, 2020, p. 25).

O talento escondido e o início do processo de cura

Passados os anos, eu me envolvi no grupo de jovens, iniciei um curso de teatro com um grupo de Belo Horizonte/MG e participei do ministério de teatro da Igreja Presbiteriana da cidade onde eu morava. Viajávamos por estados brasileiros com peças teatrais evangelísticas de grande impacto; foi um tempo especial para mim. Conforme ensaiava as peças e as apresentava, Deus agia na minha vida. Deus usou vários personagens para trazer luz ao que eu sentia.

Uma certa vez, fomos convidados para fazermos uma peça especial para a abertura de um evento muito grande em Vitória/ES. A peça foi criada especificamente para esse evento; era sobre alguns milagres de Jesus e o meu papel foi a mulher encurvada (Lc 13:10-17). Ninguém ali sabia do meu passado, dos meus traumas e dores. Quando vivi aquele momento em que Jesus me tomou pela mão e disse "Mulher, estás livre da tua enfermidade", eu senti meu corpo flutuar, como se algo me envolvesse. Meu processo de cura estava iniciando.

Rumo à Inglaterra

No final de 2002, fui para a Inglaterra. Lá, servi em algumas atividades da igreja local, fui me entregando ao Senhor, buscando-O em oração, abrindo meu coração. Comecei a estudar

Teologia e o tempo passou rápido, mas ainda havia muitas coisas para serem tratadas na alma. Eu fazia as coisas para Deus me aceitar e me amar; hoje, eu entendo que Ele me ama independente do meu serviço. **Ele me ama.**

Passei pelo processo terapêutico, fui acompanhada por duas mulheres preciosas na minha vida. Acredito que precisamos uns dos outros e Deus usa pessoas nesse processo. Percebi que precisava perdoar, porque era muito peso para carregar e eu tinha uma jornada pela frente; queria viver o projeto de Deus mesmo sem perceber qual era.

Férias no Brasil

Com 41 anos, solteira, fui ao Brasil e fiquei onze meses. As portas para o meu retorno estavam fechadas. Um dia, eu estava muito triste e comecei a falar com Deus; após um tempo, na sala da casa de minha tia Neuza, Ele me disse: "Você vai voltar e tenho uma surpresa para você lá".

Retorno a Londres

Passado algum tempo, eu retornei a Londres. Eu falava a Deus que eu queria ser encontrada pela pessoa que Ele tinha para mim. Não queria mais me enganar nem me envolver por carência. Um dia, na igreja onde eu servia como missionária, chegou um rapaz mais jovem do que eu, com 13 anos de diferença. Ele chegou trazendo uma senhora pela primeira vez; ela, com um quadro depressivo. Os pastores indicaram a mim para a primeira abordagem e ali nos conhecemos.

A benção do casamento

Foi tudo muito rápido, namoro, noivado e casamento. Nós nos casamos em março de 2011. Foi uma construção na vontade de Deus, em oração. Estamos casados há quatorze anos. Não foi fácil o processo, pois cada um trazia a sua história, ambas difíceis, mas, como as coisas foram feitas segundo a vontade de Deus, o processo tem sido celebrado a cada etapa.

O milagre chamado Mattew-Philipe

Nos primeiros meses de casada, descobri um problema que me trouxe a impossibilidade de engravidar, mas Deus agiu com amor mais uma vez. Em janeiro de 2012, eu estava no meu quarto falando com Deus, agradecendo por sua bondade, pelo casamento e pedi a Ele um filho. Eu entendia que era só Ele mais uma vez. Naquela noite, Ele falou comigo novamente, aquela doce e suave voz dizendo: "Filha, em breve você terá seu filho e será um menino, você colocará o nome dele de Mateus, que significa 'presente de Deus', porque será **meu presente para você**".

Em abril, eu já estava grávida e foi meu milagre, porque, segundo o parecer médico, era algo impossível. "Faz que a mulher estéril viva em família e seja alegre mãe de filhos. Aleluia!" (Sl 113:9).

Minha maior dor, meu maior ministério

Todo o meu passado me forjou para ser quem sou hoje. Tive a oportunidade de ouvir e aconselhar muitas pessoas, participar do processo de restauração e cura de traumas e vários se tornaram filhos e filhas na fé. Sinto meu coração queimar pelas vidas, acredito que temos muito para fazer e não há tempo a perder.

Eu acredito que Deus pode mudar sua história de dor e fracasso em uma história de sucesso, Ele pode mudar sua vida, mas grande parte desse processo depende de você e de suas escolhas. Mudar as nossas palavras ao nosso respeito e, principalmente, a visão sobre nós mesmos(as) fará grande diferença nesse processo. Olhe para dentro de você e encontre seu valor em Deus.

Não há nada que o Senhor não possa transformar. Este resumo da minha história pode dizer isso a você. Existe um Pai que me abraçou e deseja abraçar você também. Não importa em quão profundo abismo você esteja, Ele tem poder para tirar você e o(a) levantar.

Não desista de sua vida. Acredito que você quer viver, ser feliz e ser abençoado(a). Deus tem vida para você, há vida nas palavras de Cristo, há vida no olhar do Senhor! Vá a Ele, entregue-se de todo o coração, olhe para Ele como você nunca fez antes e confie no Seu amor por você.

Referências bibliográficas

BÍBLIA SHEDD. Trad. João Ferreira de Almeida, revista e corrigida. São Paulo/Barueri: Vida Nova/Sociedade Bíblica do Brasil, 1997.

HUBER, A. *Ofendido nunca mais*. São Paulo: SEMDA, 2020.

MADALENO, M. *Criative-se*: liderança, inovação e criatividade. São José dos Campos: Editora Inspire, 2021.

"Não importa quão fundo você desceu, o amor de Deus é tão grande e poderoso que penetra na alma e tem o poder de levantá-lo(a)."

Elisabete Freire

Como este capítulo fortalece a sua jornada?

Fernanda de Amorim

Sou Fernanda de Amorim, natural do Rio de Janeiro/RJ, vivendo na Suíça há mais de 32 anos. Proprietária da Inove Marketing & Consulting Agentur e da Inovecast Podcast Studio, em Zurique.

Ajudo pessoas a se comunicarem com confiança, superarem o medo das câmeras e transformarem ideias em mensagens impactantes. Como especialista em *public speaking*, já atuei em grandes eventos internacionais em cinco idiomas. Sou criadora do programa Crie sua Própria Voz (CPV), que capacita pessoas a falarem em público com segurança e autenticidade.

Com formação em PNL e teatro, uso a comunicação como ferramenta para alcançar corações e ativar propósitos. Meu chamado é capacitar você a usar sua voz e a levar sua mensagem aos quatro cantos do mundo.

ferydeamorim

inovepodcast_studiozrh

+41 79 534 42 40

Fernanda de Amorim

inovecastbyferydeamorim

FORTALESER

11

DESBLOQUEIE SUA VOZ: SUPERE O MEDO E IMPACTE VIDAS

Por Fernanda de Amorim

FORTALESER

A comunicação é a ponte que conecta sonhos às realizações. É por meio dela que construímos relacionamentos, compartilhamos ideias e transformamos vidas. No entanto, para muitos, o simples ato de falar em público ou de se expressar com autenticidade pode ser um desafio paralisante. Eu sei exatamente como é sentir esse medo. Já enfrentei o peso do julgamento, o medo de errar e a vulnerabilidade de expor minha voz ao mundo.

Mas aqui está algo que eu aprendi e que desejo compartilhar com você: sua mensagem é mais valiosa do que você imagina e o medo pode ser superado.

Minha missão é ajudar você a descobrir a sua verdadeira voz. Acredito que dentro de cada um de nós existe uma mensagem única que merece ser ouvida. Medos, traumas e desafios não precisam ser barreiras permanentes. Pelo contrário, eles podem se tornar a base para uma transformação poderosa. Foi essa crença que me inspirou a criar o programa Crie sua Própria Voz (CPV) — uma jornada para transformar medos em confiança e ideias em discursos capazes de impactar vidas.

A jornada que me moldou

Aos 7 anos, vivi uma experiência que deixou marcas profundas na minha trajetória. Naquela idade, ainda somos vulneráveis, curiosos e ávidos por aceitação, especialmente das pessoas em quem confiamos. No entanto, foi nesse momento que enfrentei algo que mudaria a forma como eu enxergava o mundo e a mim mesma: a sensação de não ser ouvida e a dolorosa realidade de ser desacreditada por aqueles que deveriam ser meu porto seguro.

Frases carregadas de dúvida, como: "Você tem certeza?", "Não está inventando?" e "Fale a verdade!" pareciam pequenas para os adultos ao meu redor, mas ecoaram como trovões no coração de uma criança que só queria ser entendida. Cada pergunta dessas carregava mais do que uma simples curiosidade. Era como se minha voz fosse constantemente questionada, como se minha verdade não fosse suficiente.

Naquele momento, aprendi que palavras têm poder — e o impacto delas pode ser devastador quando não usadas com cuidado. Eu me sentia invisível, como se minhas experiências e meus sentimentos não tivessem valor. A confiança que eu tinha em mim mesma começou a se despedaçar e a sensação de vulnerabilidade me acompanhou por anos.

Talvez você também tenha passado por algo parecido. Talvez, em algum momento da sua vida, você tenha se sentido silenciada, desacreditada ou até mesmo desvalorizada. Essa sensação de invalidação pode deixar cicatrizes profundas. Ela molda nossos medos, nos faz questionar nossa capacidade e, muitas vezes, nos leva a acreditar que não somos suficientes.

Um ponto de virada

Por muito tempo, carreguei o peso desses episódios. A dúvida alheia se tornou minha própria dúvida. Eu me retraía, evitava falar o que sentia ou pensava por medo de ser questionada novamente. Contudo, ao crescer, percebi algo essencial: o que acontece conosco não precisa nos definir para sempre.

Sim, essas experiências me moldaram, mas elas não precisavam ser minha identidade. Eu poderia escolher olhar para elas de outra perspectiva, transformando a dor em aprendizado e a insegurança em força. Descobri que o poder de ressignificar o passado estava em minhas mãos.

Foi quando decidi que minha voz não seria apagada. Ao contrário, ela seria fortalecida por cada vez que tentaram silenciá-la. Eu percebi que cada palavra de dúvida poderia se tornar combustível para minha determinação. Entendi que meu valor não estava no que os outros acreditavam, mas no que eu sabia ser verdade sobre mim mesma.

Transformando dor em propósito

Hoje, olhando para trás, vejo que essas experiências — embora dolorosas — foram a base para minha missão de vida. Elas me ensinaram o poder de uma voz. Não apenas a minha, mas também a de cada pessoa que, assim como eu, já se sentiu calada.

Quando entendi isso, surgiu dentro de mim um propósito claro: ajudar outras pessoas a resgatarem suas vozes, a superarem suas dores e a compartilharem suas histórias com confiança. Minha jornada foi cheia de desafios, mas esses desafios se transformaram na força que uso para inspirar e transformar vidas.

Se você já sentiu que sua voz foi ignorada ou que suas ideias não tinham valor, quero que saiba que isso não é verdade. Sua história é única e ela merece ser ouvida. Não deixe que os ecos de um passado difícil o(a) impeçam de viver plenamente. O que aconteceu com você pode ter moldado quem é, mas você tem o poder de escolher o que fará com isso.

Foi exatamente isso que eu fiz. Escolhi transformar o que me feriu em algo que pudesse ajudar. Escolhi crescer, aprender e usar minha experiência para inspirar outros a fazerem a mesma coisa.

Minha jornada foi difícil, mas também foi rica em lições. E se tem algo que aprendi, é isto: não importa o quão fundo tenham tentado afundá-lo(a), você sempre pode emergir ainda mais forte. Sua voz importa e ela pode transformar vidas — começando pela sua.

Comunicação que transforma

Como especialista em *public speaking*, tive o privilégio de treinar pessoas ao redor do mundo, em diversos idiomas e culturas. Descobri que a comunicação vai muito além das palavras: trata-se de conexão, emoção e impacto. Não importa onde você esteja ou de onde você veio, a sua história tem o poder de transformar vidas.

Se você já sentiu que suas ideias não são boas o suficiente ou que sua voz não importa, quero que saiba: essas são apenas crenças limitantes. Elas podem ser quebradas. Você tem valor e sua história merece ser ouvida.

No programa CPV, ensino não apenas técnicas para superar o medo das câmeras ou do palco, mas também como construir presença, transmitir mensagens claras e se conectar com autenticidade. Além disso, uso ferramentas de Programação Neurolinguística (PNL) para reprogramar crenças limitantes e desbloquear todo o potencial da sua comunicação.

Transformando dor em propósito

Minha paixão por ajudar outros a encontrarem sua voz nasceu de minha própria jornada de superação. Desde minha formação em teatro até meus anos como modelo profissional na Europa, aprendi que a comunicação é uma expressão da alma. Não se trata apenas de falar, mas de tocar corações, inspirar ações e transformar realidades.

Hoje, levo essa força e resiliência para minhas mentorias, ajudando empreendedores e profissionais a se posicionarem com autoridade no mercado. Eu acredito que o que acontece de negativo em nossa vida pode se tornar o combustível para nossa maior realização.

O chamado para a ação

Se você deseja superar o medo, conquistar confiança e usar sua voz como um instrumento de impacto, saiba que a jornada começa com um passo simples, mas poderoso: acreditar em si mesmo(a). Pode parecer um conselho básico, mas, na verdade, é um desafio profundo. Acreditar em si mesmo(a) significa enfrentar suas próprias inseguranças, olhar para as feridas do passado e decidir que elas não definirão o seu futuro.

Não importa o quão difíceis foram os desafios que você enfrentou, o mundo precisa da sua mensagem. Existe algo único em você — algo que ninguém mais pode oferecer. Sua voz carrega sua história, suas lutas, suas vitórias e, principalmente, o potencial de inspirar outras pessoas a também transformarem suas vidas.

A coragem é mais forte do que o medo

O medo sempre tentará calá-lo(a). Ele sussurra que você não é bom o suficiente, que vai falhar, que as pessoas não vão escutar. Mas aqui está a verdade: a coragem que existe dentro de você é maior do que qualquer medo. E coragem não é ausência de medo — é agir apesar dele.

Cada vez que você escolhe falar, mesmo que a voz trema, você dá um passo em direção à liberdade. Cada vez que você compartilha sua mensagem, mesmo com receio de não ser compreendido, você fortalece sua confiança. A transformação acontece no movimento e não na perfeição.

Uma fonte inesgotável de força

Dentro de tudo o que escrevi até aqui, existe uma verdade maior que é a base de toda a minha jornada: a presença de Deus. Ele é a fonte inesgotável de amor, cuidado e força que me sustentou quando tudo parecia desmoronar. Deus é soberano, onipotente e onisciente. Ele conhece seus medos, suas dores e suas lutas mais íntimos — e ainda assim, vê em você um propósito grandioso.

Sou prova viva de que nossos medos podem ser superados quando nos entregamos à força e ao amor de Deus. Ele não nos criou para vivermos em silêncio ou para sermos reféns das circunstâncias. Ele nos criou para brilhar, para impactar e para transformar vidas por meio das histórias que carregamos.

Deus me ensinou a ressignificar minha dor, a enxergar as cicatrizes como marcas de vitória e a entender que tudo o que vivi fazia parte de um plano maior. E isso é verdade para você. Nenhum sofrimento é em vão quando escolhemos colocá-lo nas mãos de Deus e permitir que Ele o transforme em algo belo e poderoso.

Sua voz é o começo da transformação

Quando você decide desbloquear sua voz, não está apenas mudando a sua própria vida — está abrindo portas para transformar as vidas de outros. Há pessoas que precisam ouvir sua história, suas lições, suas verdades. Elas estão esperando por você, mesmo que ainda não saibam disso.

Sua voz é mais do que um som. Ela é sua marca, sua força e seu legado. Use-a para inspirar aqueles ao seu redor, para ensinar o que você aprendeu e para trazer esperança àqueles que precisam.

Minha jornada me trouxe até aqui para ajudá-lo(a) a começar a sua. Eu ressignifiquei minha dor e fiz dela um propósito. Hoje, meu chamado é guiar você para que também encontre a força que existe dentro de si, supere seus medos e descubra o poder transformador da sua mensagem.

Acredite: Deus tem algo grandioso reservado para você e sua história é parte essencial desse plano.

Você nasceu para brilhar. Sua voz tem um propósito e o mundo está esperando para ouvi-la.

"Aos 7 anos, tentaram me calar, mas, em Deus, descobri que sou uma combatente valente e de linha de frente."

Fernanda de Amorim

Como este capítulo fortalece a sua jornada?

Pastora Jak Ferreira

Transformada pelo amor de Cristo. Casada com Almir Ferreira, companheiro fiel. Mãe de três princesas: Beatriz, Lavinia e Helena, minhas flechas.

Consagrada pastora no Ministério do Nazareno em 2012 e, pela Graça, exerço o ministério de palestrante e pregadora itinerante internacional.

Sou terapeuta e coach em inteligência emocional e PNL, bacharel em Teologia e pós-graduada em História das Religiões.

Coautora dos livros *Recebendo vida através da Palavra — Vol. 1*, o qual em nove meses de lançamento atingiu a marca de mais de mil cópias adquiridas, *Recebendo vida através da Palavra — Vol. 2*, do *best-seller Mulheres como luzeiros no mundo* e do *Mulheres Zoe — Vol. 4*. Idealizadora da Mentoria Fortalecidas e do Devocional Avance.

prcjakferreira

jakferreira208

FORTALESER

12

NADA É TÃO NOSSO QUANTO OS NOSSOS SONHOS

Por Pastora Jak Ferreira

FORTALESER

Sonhar e fazer planos faz parte da vida de todo ser humano. Na verdade, são os sonhos e os planos que nos impulsionam e nos movimentam. Eles são como um combustível para a vida, pois todos nós passamos por eventos e situações que nos entristecem, nos desanimam e até nos fazem dizer "Eu desisto". E se nós não tivermos mais com o que sonhar, de fato, desistiremos.

Como terapeuta, pastora e mentora, eu ouço inúmeras pessoas diariamente, e o que mais me chama a atenção é que, depois da pandemia da covid-19, de forma assustadora, as pessoas estão desmotivadas, ansiosas, frustradas e decepcionadas; muitas deixaram de sonhar, acreditar e fazer planos. A grande maioria sequer sabe qual é o seu propósito de vida e a sua missão aqui na Terra. Aproveitando a deixa, eu lhe faço estas perguntas: **Você sabe qual é a sua missão? Você tem algum propósito a ser realizado? Você ainda tem sonhos?** Vou dar alguns minutos para você refletir... Refletiu?

Bem, quero, por meio deste capítulo, compartilhar com você, caro(a) leitor(a), um testemunho. A Palavra do Senhor em Romanos (Rm 8:28) nos diz: "E sabemos que todas as coisas contribuem juntamente para o bem daqueles que amam a Deus, daqueles que são chamados segundo o seu propósito." Eu acho esse versículo incrível, pois me diz que todas as coisas contribuem para o bem — sim, todas, inclusive as ruins, as difíceis e as desafiadoras. A grande verdade é que são essas situações que nos amadurecem, nos ensinam, nos fortalecem e nos aproximam mais de Deus, pois oramos e O buscamos mais em momentos difíceis.

Eu não sei o que você está vivendo no exato momento em que este livro chegou às suas mãos, mas oro a Deus que você seja fortalecido(a) e edificado(a), pois nada é em vão. E que o meu testemunho descrito nestas linhas o(a) impulsione e o(a) encha de fé e esperança, e que ao final da leitura você **volte a sonhar**.

Eu vim de uma família muito humilde, com pouquíssimos recursos financeiros, morava em um sítio na zona rural, no sul de Minas Gerais. Usei roupas e sapatos das minhas primas praticamente a infância e a adolescência toda; as roupas eram manchadas, desgastadas e velhas. Nunca tive dinheiro para comprar os lanches da escola. Minhas mochilas, era minha mãe quem costurava, pois essa era a profissão dela na época. Os materiais escolares sempre eram os mais simples, pois meus pais tinham pouco estudo e instrução.

Era tudo muito desafiador e, diante de toda essa situação de escassez, eu sofria muito *bullying*. Era constante na escola; me chamavam de "pobre", "pobrinha", "roupa velha", "passa fome", entre outros nomes. Os colegas eram cruéis. Atualmente, nas escolas, isso está até pior e muitas adolescentes tiram a própria vida por conta disso. Aqui, abro um parêntese sobre essa situação, caro(a) leitor (a): se você conhece alguém que está sofrendo com esse tipo de situação, **ajude**, pois os efeitos no longo prazo podem ser devastadores, causando baixa autoestima, timidez, crenças limitantes, crises de ansiedade, até mesmo depressão. Seja um canal de bênçãos e estenda a sua mão, pois a sua mão estendida faz o outro entender que há esperança para mudanças.

Voltando ao nosso assunto principal, que é o meu testemunho, eu prossigo: mesmo diante de tamanha escassez e dificuldade, eu sempre fui uma criança e uma adolescente muito sonhadora. Todas as vezes que as professoras faziam trabalhos escolares sobre profissões ou sobre o futuro, eu me descrevia como uma cantora famosa, uma escritora de sucesso, que viajaria o mundo e que conheceria a Suíça. Todas as vezes que eu me levantava para apresentar os meus trabalhos e dizia essas coisas, minha turma da sala de aula ria e debochava. Eu ficava muito triste, mas continuava sonhando.

Aos 9 anos, por meio de uma bibliotecária da escola, fui apresentada ao mundo dos livros. Eu me apaixonei, lia um livro por mês. Ela sempre me incentivou. Minhas notas em Português e em Literatura eram as melhores da minha turma. Como eu lia muito bem, em todas as formaturas, eu era a aluna que ditava o juramento; sempre era a escolhida pelas professoras. Certa feita, com 11 anos, eu ganhei um concurso da Polícia Militar com uma redação sobre o meio ambiente. Minha vida familiar era a mesma que eu citei anteriormente, mas os livros foram ampliando meus conhecimentos. A vida foi passando, eu já estava no colegial e uma professora de Literatura me deu nota 10 na redação e ao me entregar, ela me disse: "Jak, se quiser ser escritora, você se dará muito bem, você nasceu para isso". Ela era temente a Deus e naquele momento ela lançou uma profecia sobre mim.

A Bíblia ensina em Ezequiel, capítulo 37, sobre o poder de lançar as palavras.

Logo após isso, a professora de Literatura nos convidou para participar da Bienal do Livro, que é a maior exposição de livros da América Latina. Eu fiquei muito interessada, mas, como contei aqui, meus pais não tinham dinheiro para pagar as despesas desse passeio. Eu fiquei extremamente chateada e, naquela semana, eu estava com os colegas na quadra de esportes do colégio e disse: "Poxa, como eu queria ir à Bienal, mas não tenho condições". No meio dessa conversa, eu disse o seguinte: "Hoje eu não consigo ir, mas um dia eu irei à Bienal como autora dos meus próprios livros" Um colega riu alto e, em tom de deboche, me disse: "Você? Você não tem capacidade para isso, nem roupa nova você tem para usar, nem dinheiro para ir nesse passeio você tem. Até parece que um dia terão livros escritos por você em um evento como esse".

Eu ouvi tudo aquilo, me levantei chorando e fui para o banheiro da escola. E, dentro daquele banheiro de uma escola estadual, eu disse para mim mesma: "Eu vou lutar por esse sonho e todos irão ver um dia que eu consegui". Eu, sem saber, porque eu ainda era uma menina, lancei uma palavra de fé. Você lança palavras de fé sobre os seus sonhos? Você acredita que eles podem se tornar realidade? Eu venho aqui o(a) impulsionar, dizendo: **acredite** e **lute** por seus sonhos, coloque Deus neles! O Sl 16:3 diz: "Consagre ao Senhor tudo o que você faz, e os seus planos serão bem-sucedidos". É sobre isto: não desistir e entregar nas mãos de Deus.

A vida foi seguindo seu fluxo, eu me tornei adulta, tive a minha primeira filha, estudei, mas fui para uma área muito diferente do que eu dizia quando criança: eu me formei em Enfermagem. Trabalhei na área e me apaixonei por resgate veicular. Consegui um emprego de resgate na Rodovia BR-381. Nasceu minha segunda filha, entrei para uma banda, fiz shows; para mim já estava tudo bom. Nessa época, eu ainda não servia a Cristo. A vida estava seguindo.

Agora você, que está lendo, pode estar pensando: "Mas por que você contou tudo isso se você seguiu outro caminho?". Calma, este capítulo ainda não acabou. A vida nos reserva surpresas. Eu e minha equipe de resgate sofremos um grave acidente enquanto estávamos em atendimento, um engavetamento envolvendo sete veículos. Alguns dias depois, fomos mandados embora; a empresa havia constatado que havia tido negligência na sinalização, causando o acidente.

A partir dali tudo desabou. Aquele emprego era tudo para mim, mas essa era a minha ótica, pois Deus tinha um plano incrível para mim. Ele primeiro queria que eu O conhecesse de verdade e esse foi o meio que Ele usou para isso acontecer. Eu entrei em depressão e me afundei no álcool, me separei do meu esposo e, como diz o brasileiro, "foi só ladeira abaixo".

Um dia, eu entrei em uma igreja evangélica, aceitei a Jesus e uma nova história se iniciou: deixei a banda, voltei a trabalhar como enfermeira em uma clínica de reabilitação, meu casamento foi restaurado, fui curada do vício. Deus me presenteou com um ministério pastoral, o hábito da leitura sempre fez parte de mim. Eu me aprofundei nas Escrituras Sagradas, fiz faculdade de Teologia, me pós-graduei em História das Religiões e comecei a ler livros de escritores cristãos. Inspirada em Joyce Meyer e Charles Spurgeon, o sonho de ser escritora reacendeu; escrevia muitas coisas, mas nunca publicava.

Após uma longa caminhada de transformação com Cristo, em fevereiro de 2023, um convite inesperado chegou: uma amiga iria lançar um livro de coautores com a Editora Chave Mestra. Ela me convidou e me colocou em contado com a Editora. Na época, eu não tinha um real sequer para poder participar, pedi alguns dias para a Editora e fiz um propósito com Deus. Se fosse da vontade dEle, que me abençoasse. Ele levantou duas pessoas que me abençoaram. Fiz o investimento e lancei o primeiro livro. Foi um sucesso total, chegamos à marca de mil cópias em nove meses.

Nesse tempo, já entrei em outro projeto com essa Editora, projeto que se tornou *best-seller* com um mês de lançamento. Após isso, participei do segundo volume do primeiro livro e, em um ano e meio, desde o primeiro lançamento, já foram mais de duas mil cópias vendidas dos três livros. E no dia 13 de setembro de 2024, por meio dessa mesma Editora que mudou a minha vida, eu estava entrando na 27ª Bienal do Livro, com o crachá de escritora, para uma sessão de autógrafos. Quando eu entrei no local, o Espírito Santo me fez lembrar da menina com uma vida escassa, roupas batidas, chorando dentro do banheiro do colégio, dizendo que um dia o sonho dela se tornaria realidade. Foi emocionante!

E não para por aí: através das conexões do primeiro livro, em 2024, fui para a Europa ministrar a Palavra e um dos seis países visitados foi a Suíça. Sim, meu caro(a) leitor(a), os sonhos daquela menininha se tornaram realidade, porque Deus fez se tornarem possíveis, usando muitas pessoas, inclusive Rogério Vale e Raquel Medeiros, donos da Editora Chave Mestra. Deus me conectou a eles. Hoje, também somos amigos e creio que ainda viveremos todos juntos a vontade boa, perfeita e agradável de Deus.

Para finalizar, quero lhe dizer que não dê ouvidos às vozes contrárias; ouça somente o direcionamento de Deus, pois somente assim você cumprirá a sua missão e viverá os seus sonhos, tendo, assim como eu, um lindo e inspirador testemunho. Em o nome de Jesus, eu quero profetizar sobre a sua vida: **haverá uma reviravolta e você viverá os seus sonhos! Tão somente creia!**

Referência bibliográfica

BÍBLIA SAGRADA. Almeida, revista e corrigida. Jundiaí: Casa Publicadora Paulista, 2015.

"Não dê ouvidos às vozes contrárias, ouça somente o direcionamento de Deus."

Pastora Jak Ferreira

Como este capítulo fortalece a sua jornada?

Jana Sìllva

Sou Jana Sìllva, natural de João Pessoa/PB e resido em Vitória, na Espanha, com minha família. Casada há dezessete anos, sou mãe do David, meu maior presente e uma promessa de Deus.

Minha jornada é marcada por superação e transformação. Sou psicanalista clínica e reprogramadora mental, com especialização em Transtornos de Personalidade e Sexualidade pelo Instituo Fazendo a Diferença (IFD). Também tenho formações em Programação Neurolinguística e Hipnose Clínica. Usei ferramentas de ressignificação e superei feridas emocionais profundas.

Deus me deu o Método 3 Pilares: Corpo, Alma e Espírito, que tem transformado vidas de mulheres que buscam se liberar de padrões limitantes. Minha missão é mostrar que, mesmo diante das maiores dores, a cura e a transformação são possíveis.

janasillva11

+34 624 90 48 79

info@janasillva.com

janasillva.com

SCAN ME

JANA SÌLLVA

13

METAMORFOSE: QUANDO A DOR FORJA ASAS

Por Jana Sìllva

FORTALESER

Minha história começa antes mesmo de meu primeiro choro. Uma menina do interior da Paraíba tem a sua primeira relação sexual; eram dois adolescentes de 15 anos, cujas vidas foram transformadas pela minha chegada inesperada. Ao ouvir sobre a gravidez, meu pai, ainda um garoto, pediu que me "retirasse". Assim, antes mesmo de nascer, recebi minha primeira ferida emocional: abandono. Eu não era desejada.

A Psicoembriologia ensina que bebês sentem as emoções da mãe. Fui criada pela tia Naza, que era emocionalmente fria e controladora. Ela vinha de dois abortos involuntários. Minha tia assumiu a tarefa de me criar, mas fiquei aos cuidados da tia Ninha, que era uma menina. Desde cedo, a mensagem era clara: "Sua mãe não a quis, eu fiquei com você porque ninguém a queria". E ali nasceu a segunda ferida emocional: rejeição. Na minha mente, eu pensava: "Você não vale muito, ninguém quer você".

Identidade desconstruída, autoimagem perdida

Cresci ouvindo sobre o meu "cabelo de corda", a minha "boca de lua", a minha "canela fina", o meu "jeito desajeitado". Cada palavra foi desconstruindo minha identidade, erguendo em seu lugar uma crença de incapacidade. Eu era cuidada, mas não me sentia amada. Eu existia, mas não pertencia a uma família.

Freud (1996a) explica que a infância é o solo que vamos caminhar toda a vida e essa foi minha base.

Aos 15 anos, conheci meu pai pela primeira vez. Na adolescência, não me sentia bonita, fiz procedimentos estéticos, como colocar silicone. Era nítido que minha autoimagem havia sido afetada. Aos 24 anos, trabalhava com organização de eventos; conheci Pedro, que viria a ser meu esposo. Ele, 11 anos mais velho, morava em Portugal e era atencioso, carinhoso; eu me sentia cuidada. Freud (2006) explica que meninas com feridas de paternidade buscam homens mais velhos na fase adulta.

Pedro me ligava o tempo todo e, nesse mesmo período, conheci Jesus. Um mês depois, ele veio ao Brasil. Namoramos à distância por um ano, larguei tudo — o curso de Nutrição que estava começando a estudar e a família — para nos casarmos em Portugal. Apesar do amor, nossas diferenças eram profundas. Ele vinha de uma vida noturna, de discotecas e excessos, enquanto eu acreditava, literalmente, que conseguia "pagar o preço" para convertê-lo. E lá estava eu, assumindo o papel de salvadora, acreditando que o amor transformaria tudo.

Com o tempo, percebi que não era minha missão mudar ninguém. Era minha jornada me transformar, curar minhas próprias feridas e encontrar meu verdadeiro valor.

Oito meses depois, nós nos mudamos para a Espanha. Eu não falava nada de espanhol e tinha um sentimento de dependência total. Eu trabalhava com ele, mas todos os projetos eram dele e isso não me incomodava.

Tive um problema de saúde e não podia me movimentar muito. Naquele mesmo instante, busquei forças e me tornei uma blogueira que se conectava com vinte mil mulheres. Era um momento de conexão com o Brasil, mas minha baixa autoestima me fez parar.

Autoestima: capacidade de se estimar. As bases são: autoconfiança, autovalor, autoprioridade, autorrespeito.

O abalo do casamento

Eu já me sentia bonita, mas faltava me estimar.

Cinco anos de casados, em uma madrugada de oração, Deus revelou que eu estava grávida. David nasceu, perfeito, alegre, meu maior presente. Ele deu sentido à minha vida, afastando-me de todas as coisas estranhas do casamento. Meu foco estava nele, eu nem pensava nas minhas dores pessoais. David era minha alegria, meu refúgio.

Eu orava pedindo a Deus uma revelação do que estava oculto. Sentia que algo estava acontecendo. Poucos dias antes do nosso aniversário de casamento, senti vontade de investigar o histórico do Google dele. Estava apagado, isso despertou ainda mais minha suspeita de que escondia algo. Indo mais fundo, descobri o que não queria: ele adulterava. O que mais doeu foi perceber que era com mulheres extremamente vulgares. Chorava incessantemente, doeu muito, meu filho tinha 3 anos. Pedro parecia incapaz de algo assim, mas as provas eram contundentes.

Todas as feridas da infância vieram à tona: rejeição, abandono, traição. Resolvi perdoar e seguir com o casamento, mas sangrava, às vezes literalmente, pelo nariz. Entendi que o corpo fala o que a alma cala, como dizia Freud (1996b). Desmaiava sem motivo, minha língua enrolava, mas os exames nada indicavam. Sentia dores no peito, falta de ar, vontade de sumir, mas não podia. Meu filho precisava de mim.

David, meu presente de Deus, foi o motivo para eu me levantar, mesmo em meio à escuridão. Hoje, sei que os traumas moldam nossa jornada, mas a cura começa quando decidimos encarar as feridas e encontrar em nós mesmos a força para continuar. E se eu consegui, você também consegue.

Aqui começa o processo da minha transformação, a metamorfose da borboleta. No casulo escuro da dor, Deus nos molda. Antes, uma lagarta — feia, rastejando pelo chão, asquerosa, rejeitada. O casulo é frio, solitário, mas é nele que o milagre acontece.

O casulo se rompe, surge a borboleta. Sua identidade única, suas cores. Não existem duas iguais. A lagarta rejeitada se transforma em beleza e leveza, que atraem todos ao seu redor. O extraordinário: ela reproduz, gerando vida e espalhando esperança. Assim é o renascimento que Deus nos concede, moldando nossas dores em asas. E, então, da dor que a quebrou, nascem asas que a fazem voar.

Iniciei uma jornada de compreensão dos processos psicológicos e me deparei com uma grande quantidade de informações. À medida que aprofundava meus estudos, cada nova descoberta abria portas para outras ainda mais complexas. No meio desse caminho, surgiu o medo de desagradar a Deus, pois até então eu costumava confiar na expressão "o que Deus quiser". Ao estudar o poder dos pensamentos, as neurociências, a PNL, encontrei explicações sobre a criação da realidade por meio deles, exploradas por treinadores e cientistas. Pedi a Deus uma resposta se esse era o caminho, Deus falou claramente no mesmo dia. "Assim como o homem pensa na sua alma, assim é" (Pv 23:7).

Uau! Era isso! As palavras que eu falo realmente alteram a química do meu corpo, e meus pensamentos influenciam diretamente minhas emoções. Quando comecei a estudar a ciência, percebi que muito daquilo a Teologia já ensinava, mas de outra maneira. No fundo, a ciência só confirma o que Deus já revelou.

Deixo uma palavra que Deus me deu: "Não vos lembreis das coisas passadas, nem considereis as antigas. Eis que farei uma coisa nova" (Is 43:18-19). E Ele fez. As transformações foram tantas que até meu nome mudou, assim como aconteceu com Abraão. De Janaina, passei a ser Jana, agora oficialmente registrada com nacionalidade espanhola. Essa mudança não foi apenas um detalhe burocrático, mas simbolizou um novo ciclo na minha vida, marcando uma identidade renovada e um recomeço alinhado com aquilo que Deus já estava realizando em mim.

O meu processo de cura

Passei pelo processo de cura, um ciclo necessário e profundo.

- **Aceitação:** aceitei os fatos como eles eram, sem fugir da dor.
- **Perdão:** perdoei conscientemente, entendendo que o perdão não é um sentimento, mas uma decisão. Decidi ficar, mas também sei que é possível perdoar e seguir em frente. O perdão liberta.
- **Ressignificação:** trouxe um novo significado para a dor. Compreendi que a traição não era sobre mim, tirei a culpa e restaurei minha identidade em Deus.

A superação foi o resultado desse processo. Aprendi a dizer "não" e entendi minha dependência emocional. Tirei o poder das mãos do outro e assumi a autorresponsabilidade. Pude parar de ser vítima. Aprendi que, embora difícil, a verdadeira transformação começa de dentro para fora.

"Curei o trauma da minha ancestralidade". O estudo Genograma Judaico-Cristão, na obra de Murray Bowen (1993), explica que um trauma não afeta apenas a vida de quem o experimenta diretamente, mas também pode impactar gerações inteiras, mesmo muito tempo depois do evento original. Eu venho de uma linhagem marcada por abusos.

Algo mudou. A coragem de enfrentar as dores e transformar as sombras herdadas em luz nasceu dentro de mim. Entendi que era necessário mudar a forma de agir, assumir responsabilidade pessoal e buscar ajuda. Reprogramei minha mente e tomei posse das bênçãos que Deus já nos deu.

Os três pilares da transformação: corpo, alma e espírito

Deus me deu um método claro: 3 Pilares. Somos seres trinos — corpo, alma e espírito — e a transformação começa ao integrar esses aspectos.

No corpo, entendi que ele é a porta da alma e o templo de Deus. Cuidando de mim de forma integral, mergulhei na dieta de Deus e no jejum intermitente. Adotei hábitos saudáveis, buscando conhecimento incessante. Quem tem dor tem pressa, e eu tinha fome de transformação.

No espírito, encontrei a conexão profunda com Deus. No segredo do jejum, abriram-se portas para uma intimidade maior.

Comecei a orar nas madrugadas, criar devocionais pela manhã e a clamar pela minha transformação. Desenvolvi uma rotina diária: leitura bíblica em áudio durante exercícios, banho frio pela manhã e declarações diante do espelho do que desejava ser. Cada ato era um exercício de fé e neuroplasticidade em ação.

Na alma, a Psicanálise ajuda você a compreender suas emoções. Tudo o que ouvimos, vemos e sentimos se torna um programa mental, na maioria das vezes desatualizado e limitante. Descobri que, com a Programação Neurolinguística (PNL), é possível reprogramar a mente. O cérebro não distingue passado, presente ou futuro. O que imaginamos influencia diretamente quem nos tornamos.

"E não vos conformeis com este mundo, mas transformai-vos pela renovação da vossa mente" (Rm 12:2).

Nossos pensamentos criam sentimentos, que geram crenças muitas vezes limitantes e moldam atitudes. Enquanto não renovarmos nossa mente, permanecemos escravos do passado. Mas lembre-se: você não é definido pelo que viveu, mas sim pelo que faz com isso. O poder da transformação está em suas mãos — corpo, alma e espírito, alinhados na verdade de Deus.

Quero presentear você com uma ferramenta de reprogramação da mente. Configure seu cérebro. Eu o(a) espero no Instagram: @janasillva11.

Referências bibliográficas

BÍBLIA SAGRADA. Almeida, revista e corrigida. São Paulo: Sociedade Bíblica do Brasil, 1993.

BOWEN, M. *Family Therapy in Clinical Practice*. Flórida: Jason Aronson, 1993.

FREUD, S. Algumas consequências psíquicas da diferença anatômica entre os sexos. *In*: *Edição Standard Brasileira das Obras Psicológicas Completas de Sigmund Freud*, vol. XIX. Rio de Janeiro: Imago Editora, 2006.

FREUD, S. Recordar, repetir e elaborar. *In*: *Obras Psicológicas Completas de Sigmund Freud*, vol. XII. Rio de Janeiro: Imago Editora, 1996a.

FREUD, S. *O Ego e o Id e outros trabalhos (1921-1923)*. Rio de Janeiro: Imago Editora, 1996b.

“Da dor que o(a)
quebrou, nascem as
asas que o(a)
fazem voar.”

Jana Sìllva

Como este capítulo fortalece a sua jornada?

Janaína Fernandes

Sou Janaína Fernandes, natural de Belo Horizonte/MG, casada com Igor Vinicius, que me inspira, e mãe do Matheus e Gabriel Fernandes, grandes impulsionadores da minha evolução. Minha trajetória profissional é movida pela busca por conhecimento e pela paixão em promover saúde e bem-estar. Em Portugal, encontrei o ambiente ideal para expandir minha visão e minha vocação.

Em 2015, fui CEO de uma clínica no Brasil, onde liderei projetos e uma equipe dedicada à saúde. Acredito no poder da transformação e no impacto positivo das mudanças. Hoje, atendo no Brasil e na Europa e sou fundadora de duas empresas internacionais, ampliando minha visão e minha experiência.

Eu me dedico a ajudar pessoas a alcançarem seu potencial máximo, promovendo uma evolução contínua e transformadora.

janainafernandesterapeuta

+351 915 216 990

contato@terapeutajanaina.com

terapeutajanaina.com

Janaína Fernandes

FORTALESER

14

A CONSTÂNCIA QUE TRANSFORMA O SIMPLES EM GRANDE

Por Janaína Fernandes

FORTALESER

FortaleSer: a força que nasce de dentro

Fortalecer não é algo que ocorre apenas no âmbito físico, mas uma jornada que começa no coração, na mente e, acima de tudo, no ser. E é por isso que *FortaleSer* carrega um significado maior: não se trata apenas de ganho de força, mas de ser força, de encontrar em nós mesmos a essência que sustenta nossos dias, mesmo quando o mundo parece nos sufocar. Eu sei bem o que é enfrentar desafios que exigem mais do que o corpo pode oferecer. Ao longo da minha vida, aprendi que a verdadeira força se revela quando somos testados a transcender os próprios limites e quando situações adversas nos obrigam a olhar para frente e reimaginar nosso próprio conceito de resistência.

"Ser forte" é um verbo que conjugo em todas as pessoas: fortaleço-me, encontro força em mim; fortaleço-te, reconheço a força que habita em ti; e juntos nos tornamos um alicerce, sólido e resiliente, capaz de resistir às tempestades. Mas e quando o verbo parece mais pesado do que somos capazes de carregar? E quando o nosso ser pede uma pausa, um respiro? É aqui que o *FortaleSer* ganha outro significado. Não é sobre resistir. É sobre se permitir crescer, reconhecer os momentos de fragilidade como parte essencial do processo de ser.

Neste espaço, convido você a refletir sobre a força que já existe em seu interior, aquela que não precisa ser provada nem buscada fora. *FortaleSer* é mais do que um estado de poder; é um chamado para se tornar, se reconhecer e se reconstruir, sempre que necessário.

O processo de se tornar: o desafio de abraçar o novo

Há momentos na vida em que as dificuldades e as circunstâncias difíceis nos envolvem de tal forma que nos tornam prisioneiros de nossas próprias experiências. Podemos confinar dentro de nós os vestígios de um passado que já não nos serve, mas que, por algum motivo, teimamos em carregar. Nesse processo, somos desafiados a olhar para quem queremos ser, mais do que para quem fomos.

Tirar o foco das falhas não foi algo simples. O peso das escolhas erradas, a memória amarga dos erros me aprisionava. Durante muito tempo, o medo de repetir o fracasso se sobrepôs à minha coragem de avançar e me impediu de experimentar o novo. Com minha evolução, percebi que a verdadeira liberdade reside justamente em aprender a fazer as pazes com nosso passado. Cada falha, por mais dolorosa que tenha sido, carregava em si uma lição preciosa, uma oportunidade de amadurecimento.

"Às vezes você tem que deixar para trás quem você era quando nasceu, para se tornar quem Deus quer que você seja." Esse trecho do filme *Amor de redenção* (2023), interpretado por Abigail Cowen (Angel) e Tom Lewis (Michael), nos desafia a refletir sobre a necessidade de deixar para trás as amarras do passado, para abraçar o novo. É um convite à transformação, a olhar para o futuro com esperança, sem carregar os pesos que não nos servem mais.

Essas palavras têm uma sabedoria silenciosa que ecoa dentro de nós quando enfrentamos as barreiras internas que nos limitam. A ideia de esquecer quem somos não significa apagar nossa história ou desconsiderar nossas experiências, mas nos libertar das cadeias invisíveis que elas nos impõem. Significa abrir espaço para uma nova identidade, que se liberta da tentação de se entregar ao lamento e à queixa. Em vez de buscar respostas imediatas, deveríamos dedicar nossa força ao entendimento profundo das falhas.

Errar não é sinônimo de fracasso, é uma oportunidade ímpar para o aprendizado e a evolução. A verdadeira mudança começa quando deixamos de nos apegar aos equívocos, para abraçar, com discernimento, as lições que eles carregam. Ao fazer isso, não apenas aprimoramos nossas ações futuras, mas também refinamos nossa capacidade de adaptação e resiliência.

Construindo o extraordinário: o compromisso com o simples

As circunstâncias muitas vezes nos tornam cegos para o nosso próprio potencial, nos envolvem em medo, e quando isso acontece, podemos nos perder em meio à tempestade emocional. No entanto, o se tornar precisa ser desenvolvido e requer coragem e intenção. Atualmente, a busca por respostas instantâneas e soluções rápidas se tornou quase uma exigência, porém mudar demanda tempo — e mais do que isso, exige paciência.

Há uma ilusão comum de que, para alcançar algo extraordinário, precisamos descobrir um atalho ou uma ideia revolucionária. Tive uma fase em minha vida que me deixei levar pela pressão do momento e, sem perceber, me distraí e esqueci o que realmente importava. Cheia de grandes responsabilidades e na posição de CEO de uma clínica no Brasil, cercada de compromissos, cometi o equívoco de fazer parte da "geração dopamina", empolgante e insaciável. Naquela altura, acreditava que o sucesso era resultado de um trabalho exaustivo e barulhento, em que estar o tempo todo ocupada era sinônimo de produtividade, mas logo percebi que raras vezes o sucesso sólido vem acompanhado de holofotes, mas que ele chega discretamente e se manifesta na simplicidade.

O extraordinário não se revela em um momento de brilho repentino, mas no esforço constante de fazer o ordinário com maestria. Ele não vem de ações esporádicas ou decisões impulsivas; mas é forjado na disciplina diária de se manter firme. Está em repetir, todos os dias, com convicção e excelência, aquilo que os outros podem considerar simples. É no compromisso com o processo, na dedicação ao que parece pouco importante, que o poder se revela. O caminho para o sucesso não está em procurar algo espetacular para fazer, mas em dominar aquilo que já está ao seu alcance — e fazer isso com consistência, rigor e sem desvios.

O meu caminho de transformação não foi linear, ele exigiu uma constante revisão da minha própria jornada, refiz trajetos, mudei rotas, decidi sair do conforto do meu país para recomeçar na Europa. Mantive uma vigilância incansável contra o inconformismo e a ideia de que eu já havia atingido um ponto final. Não foi a resposta de uma vontade isolada, mas da capacidade de, a cada passo, me reavaliar e me reinventar. E, foi nesse momento, no entrelaçar das minhas tentativas e incertezas, que encontrei o verdadeiro potencial daquilo que sou e do que ainda posso me tornar.

Constância: a jornada que revela o essencial

A força não se mede por aplausos nem por conquistas. É forjada nos bastidores, nas noites insones e nas escolhas feitas quando não há testemunhas. Força não é algo que se exibe. Ela é um processo silencioso de construção interna, uma escolha diária de não se render, mas de se elevar.

Foi no cenário da solidão, não apenas física, que precisei ser forte e constante no projeto da construção da minha carreira internacional. Imigrar não é só atravessar oceanos e mudar de lugar. É viver longe de todos, todos os dias, longe da família, amigos, de tudo o que é seguro. Foi longe de casa, sem aplausos, sem testemunhas, que passei por um teste diário de constância, no vazio das noites que não havia ninguém para compartilhar as vitórias e as dificuldades, que aprendi que a força não se encontra em quem está ao meu redor, mas na minha capacidade de permanecer firme quando ninguém está me vendo. E isso não acontece por acaso; é o resultado de trabalho, persistência e de disciplina.

O *FortaleSer* não é uma busca por um ideal inalcançável. Ele não é uma fachada de perfeição, mas a aceitação incondicional de quem somos em toda a nossa complexidade. É o reconhecimento de que somos, em nossa essência, frágeis e resilientes, quebrados e curados, limitados e ilimitados. Mas essa complexidade é, por si só, a nossa maior vitória. Não há crescimento sem conflito, não há evolução sem dor.

O caminho que percorremos para nos fortalecer, para ser aquilo que somos chamados a ser, não se define pelos erros ou pelas falhas que encontramos na caminhada, mas pela forma como nos reerguemos após cada queda. Precisamos enfrentar as dificuldades com coragem, mantendo o foco no que realmente importa. Isso é o que define nossa autêntica identidade.

Verdadeiramente, transformar demanda tempo, como uma árvore que primeiro aprofunda as raízes para depois alcançar a luz; o fortalecimento genuíno exige calma e visão de longo prazo. Transformação não é um evento, mas um caminho. E é nesse caminho que reside o nosso poder mais profundo. O que você faz hoje, por mais simples que pareça, está criando as fundações do seu amanhã. Cada escolha diária de agir com integridade, cada esforço repetido para melhorar, compõe a trama invisível que, com o tempo, revela sua verdadeira força.

Não é sobre ser perfeito, mas sobre ser íntegro. Não é sobre ser invulnerável, mas sobre saber a força que reside na nossa vulnerabilidade. Quando nos permitimos ser quem realmente somos, sem as máscaras que a sociedade insiste em colocar sobre nós, alcançamos uma coragem genuína, que não se abala diante das tempestades externas. E é assim que nos tornamos verdadeiramente fortalecidos: não pela ausência de fraquezas, mas pela capacidade de nos reconstruir a cada nova queda.

Este livro não é uma promessa de respostas fáceis, mas uma convocação para uma jornada corajosa e deliberada de transformação. Ele não visa a aliviar os desafios da vida, mas proporcionar uma perspectiva mais ampla sobre como podemos abordá-los com sabedoria, coragem e propósito. Em vez de buscar soluções ilusórias, a verdadeira força reside no entendimento de que, para cada passo dado na direção certa, há uma versão mais forte de nós mesmos aguardando para emergir.

Agora, ao finalizar estas palavras, convido você, leitor(a), a refletir sobre onde está em sua jornada. O que já alcançou? O que ainda pode melhorar? Lembre-se de que o seu processo de fortalecimento não termina com este livro, mas é apenas mais um capítulo de um trajeto constante. E, acima de tudo, lembre-se de que, quando você se torna a força que busca, é impossível não deixar sua marca no mundo. Porque a verdadeira força não é apenas algo que você possui, mas algo que você é.

Referência bibliográfica

AMOR DE REDENÇÃO. Direção: Michael Landon Jr. Com Abigail Cowen, Tom Lewis. Amazon Prime Video, 2022.

"A força não se mede
por aplausos nem por
conquistas. É forjada
nos bastidores, nas
noites insones e nas
escolhas feitas quando
não há testemunhas."

Janaína Fernandes

Como este capítulo fortalece a sua jornada?

Joelma Boaventura

Sou Joelma Boaventura, natural de Mato Grosso. Resido em Ayamonte, na Espanha, com meu esposo, Vanderval Amorim, com quem sou casada há onze anos, e com minha filha Antonella.

Sou pastora fundadora da Aclamad al Señor, pregadora, idealizadora do Projeto Restauradas e Juntas na Mesa, estudante de Psicanálise, escritora e mentora. Meu maior propósito é que Jesus seja conhecido e honrado por meio da minha vida. Meu maior prazer é falar dEle para que pessoas sejam salvas, tenham suas identidades restauradas e vivam seu propósito aqui nesse mundo. Porque eu acredito que Jesus ainda é o Todo-Poderoso e deseja manifestar-se todos os dias ao seu povo, por meio da sua salvação e dos seus sinais e maravilhas.

joelmaboaventuraoficial

+34 674 83 94 39

FORTALESER

15

UMA FÉ ACIMA DAS CIRCUNSTÂNCIAS

Por Joelma Boaventura

FORTALESER

Falar de fé nos empolga, traz alegria e faz até parecer fácil crer. Porém, praticar a fé crendo quando os seus olhos estão diante de circunstâncias totalmente contrárias já não é tão fácil assim. Até Abraão, intitulado como "pai da fé", teve dificuldades em crer na promessa de Deus de que teria um filho com Sara, por terem idades que já não eram tão favoráveis.

Crer diante de um diagnóstico médico negativo, de um pedido de divórcio, de portas fechadas, de empresas falidas, de filhos perdidos, de ministérios frustrados, de uma vida espiritual destruída e até mesmo quando já não existe expectativa para viver pode ser uma missão quase impossível. Mas estou aqui para lhe dizer: tenha uma fé acima das circunstâncias.

Eu me casei em setembro de 2014 com um homem que é um presente de Deus para mim e apaixonado por crianças. Então, no início de março de 2015, decidimos tentar ter o nosso primeiro filho — afinal, queríamos ter pelo menos dois. Na minha cabeça, no mês seguinte, com certeza eu já teria um teste positivo nas mãos. Então, comprei um sapatinho de bebê e dei de presente de aniversário para meu marido, já que seu aniversário era na primeira quinzena de março. Porém, passaram oito meses e oito testes negativos. Esterilidade? Não. Essa palavra nunca passou pela minha cabeça. Com certeza, era qualquer outro problema então, por isso, busquei uma médica particular para ter um atendimento mais personalizado.

Foi quando eu escutei o que jamais gostaria: "Você não tem ovulação e como consequência você não pode engravidar". Nossa, fiquei sem palavras. Então, ela me propôs fazer um tratamento hormonal e ir aumentando a dose a cada três meses e, talvez, no prazo de um ano, eu teria 10% de chance de engravidar. Ao chegar em casa com as receitas médicas, eu me sentei com meu marido e chorei, chorei muito e pensei que talvez não seria mãe. Senti uma dor pelo diagnóstico, por pensar na possibilidade de não poder gerar e por saber que meu marido ama crianças.

Mas então o Espírito Santo me fez lembrar que meses atrás, no final de um culto em Portugal, onde eu fui pregar, um servo de Deus me parou e disse: o filho que você terá não virá pelas mãos do homem, mas pelas mãos de Deus. Naquele momento, eu disse ao meu marido: "Amor, se eu não tomar nenhum medicamento e deixar Deus fazer um milagre, você me apoia?" E ele me apoiou em qualquer que fosse a minha decisão. Em seguida, peguei todos aqueles papéis que trouxe da médica e fui para a igreja. Chegando ali, entreguei tudo no altar e disse a Deus que não faria nada com minhas mãos, que não tomaria nenhum tipo de medicamento e que eu acreditava que Ele faria um milagre e cumpriria o que Ele falou.

Em abril de 2016, o tão sonhado teste positivo veio. Uau! Jesus cumpriu sua promessa! A nossa fé aumentou, a alegria transbordou e agora iríamos viver o que Deus prometeu. Porém, com onze semanas surgiu um pequeno sangramento. Fui levada para o hospital e lá uma médica não muito simpática fez uma ecografia e disse grosseiramente: "Faz quinze dias que o bebê está morto". Então, me perguntou: "Quando você quer vir fazer a curetagem?". Eu não tinha palavras e a única coisa que eu pensava era que Jesus ainda poderia fazer um milagre e fazer aquele coraçãozinho voltar a bater. Então, desnorteada, eu disse que voltaria na próxima semana e voltamos para casa. Antes de chegar em casa, pedi ao meu esposo que me deixasse na igreja. Claro que ele não queria, porém eu insisti. Fui outra vez para o altar, chorei e como chorei! Mas escutei Jesus dizendo: "**Tenha uma fé acima das circunstâncias**, porque assim como Davi, que, ao receber a notícia de que o seu filho estava morto, se levantou, se lavou e foi me adorar, eu quero que você faça o mesmo".

Sim, Jesus pede coisas difíceis para seus amigos, mas eu obedeci, me levantei e O adorei. Logo depois, fui para casa e, naquela madrugada de sexta-feira para sábado, comecei a ter contrações fortíssimas e a sangrar. Fomos rapidamente para o hospital e na tarde daquele sábado eu estava no quirófano fazendo a bendita curetagem. Para quem lê e escuta, parece ser fácil, porém as noites para quem tem sono são curtas, mas para quem está triste são longas; assim é quem vive o processo de esperar um milagre.

A cada teste de gravidez negativo, a cada conselho (bem-intencionado) para buscar um tratamento, a cada sugestão de chás ou medicamentos, eu escutava Jesus dizendo: "Você entregou no meu altar". Eu chorava, eu orava, eu via muitas mulheres grávidas, mas eu também continuava acreditando que Ele, o meu amigo, podia fazer.

Então, em fevereiro de 2017, veio outro teste positivo. Meu coração se alegrou, porém com um pouco mais de prudência.

Contamos para a família, amigos e igreja e decidimos não esperar as doze semanas que a saúde pública da Espanha pede. Marcamos uma médica particular (a mesma que nos deu o temível diagnóstico) e outra vez escutamos o que não queríamos escutar. Não existia embrião — existia tudo, menos o embrião. Ah, Jesus, você realmente usa seus amigos para testificar Seu Poder.

Claro que chorei de novo e, então, marcamos outro exame para confirmar se realmente não havia embrião. Infelizmente, o diagnóstico uma vez mais era real. Esperei para ir ao hospital público, para ver o que seria feito comigo. Porém, nesse intervalo (de espera), fui convidada, de maneira inesperada, para visitar um retiro de pastores em Lisboa por três dias. Fui com a barriga de uma grávida, porém sem embrião. "Talvez Deus fizesse algo", eu pensei, ou então falaria comigo. No entanto, durante os três dias, Deus ficou calado, mas quando eu estava indo para o carro no último dia, para ir embora, alguém que eu nunca tinha visto antes me puxou e Deus começou a falar comigo e uma das coisas que Ele falou foi: "Você será conhecida pelo fruto do seu ventre". (Por isso, hoje estou escrevendo o capítulo deste livro.)

Voltei para casa e, antes de ir para o hospital, Jesus falou outra vez comigo: "Existe um trabalhar invisível de Deus" e eu cri uma vez mais. Então, tive que tomar remédio para expulsar o saco gestacional e tudo que tinha dentro da minha barriga. E em meio a dores e choros, meu marido disse: "Eu estou vendo que você está sofrendo e, se você quiser, desistimos de ter um filho". Foi quando eu coloquei a mão na minha barriga e disse a ele: "Eu posso ter vinte abortos que eu seguirei crendo que Deus me dará o filho que Ele prometeu". E eu realmente cri com todo meu coração, mas, mesmo assim, doía todos os meses ver aqueles testes serem sempre negativos, porque esperar dói.

Mas, em fevereiro de 2018, veio outro teste de gravidez positivo e agora meu coração estava em paz, o que Jesus fizesse estava bom para mim. Não buscamos nenhum médico particular e esperamos a tão sonhada 12ª semana. Então chegou o grande dia, e que dia! Quando a médica começou a me examinar, aquele bebê saltava tanto, que hoje eu sei que aqueles saltos representavam meu lamento sendo transformado em baile. Eu disse: "Doutora, eu quero escutar o coração" e ela respondeu: "Do jeito que esse bebê está saltando, você ainda precisa escutar o coração?". Foi então que eu escutei e ele estava lá batendo superforte. Meu choro se misturou com meu riso. Eu estava esperando o que Ele prometeu, o filho que não veio por mãos de homens, mas veio por meio das Suas poderosas mãos.

Foram 39 semanas e quatro dias de alegrias. A gravidez foi superabençoada, eu me sentia a grávida mais linda do mundo e meu marido era o pai mais babão que existia — e seria papai de uma linda menina. Saiba que a fé no "sim" de Deus tem poder para destruir todos os "nãos" que aparecem no nosso caminho.

Jesus me ensinou que Ele é suficiente no processo, que é Fiel para cumprir cada palavra que Ele fala e que o maior milagre sempre será o que Ele fará dentro de nós, nos fazendo amá-Lo pelo que Ele é e não pelo que Ele faz.

Talvez você esteja lendo alguns capítulos deste livro buscando respostas, esperança, compreensão e até mesmo ajuda para voltar a crer e a lutar. E eu quero lhe dizer que Jesus não se esqueceu de nenhuma palavra que Ele lhe falou. Mas Ele busca amigos (como Lázaro) para fazer milagres, ainda que seja através da morte, para que Ele possa ser conhecido e glorificado nesse mundo.

Eu sei que crer na escuridão das lutas é difícil e crer quando tudo é contrário ao que você sonhou, também. Mas saiba que Deus é poderoso para apagar todos os pontos finais da sua vida, colocar uma vírgula e continuar uma linda história.

Ainda que seus olhos não vejam, Ele nunca deixou e nunca deixará de trabalhar a seu favor, porém Ele quer fazer primeiro um milagre em você e cumprir tudo o que um dia Ele lhe prometeu — afinal, existe um trabalhar invisível de Deus na sua vida.

Volte a crer! Não naquilo que está diante dos seus olhos, ou na palavra do homem, ou mesmo nas mentiras do inimigo, mas volte a crer que existe um Deus que ainda nos dias de hoje pode fazer o impossível possível. Então, eu o(a) convido hoje a ter **uma fé acima das circunstâncias**!

"Ao perceber que os seus servos cochichavam entre si, Davi compreendeu que a criança estava morta e perguntou: 'A criança morreu?' 'Sim, morreu' — responderam. Então, Davi levantou-se do chão, lavou-se, perfumou-se e trocou de roupa. Depois, entrou no santuário do Senhor e o adorou. Voltando ao palácio, pediu que lhe preparassem uma refeição e comeu" (2 Sm 12:19-20).

"Assim como você não conhece o caminho do vento, nem como o corpo é formado no ventre de uma mulher, tampouco pode compreender o que Deus faz, o Criador de todas as coisas" (Ec 11:5).

Que Deus o(a) abençoe. Espero um dia receber o testemunho do seu milagre.

Referência bibliográfica

BÍBLIA SAGRADA. Nova versão internacional. Disponível em: https://www.bible.com/pt/bible/compare/2SA.12.19-20. Acesso em: 30 jan. 2025.

“A fé no ‘sim’ de Deus tem poder para destruir todos os ‘nãos’ que aparecem no nosso caminho.”

Joelma Boaventura

Como este capítulo fortalece a sua jornada?

Jussara Gomes

Olá! Sou Jussara Gomes, natural de Sorocaba/SP. Hoje, tenho o privilégio de viver em Marbella, na deslumbrante Costa do Sol, Espanha. Cresci cercada de amor e de valores, criada pelos meus queridos avós e com meus irmãos Beatriz, Jean Lucas e Junior, que são parte essencial da minha vida.

Apaixonada por viagens e autoconhecimento, encontrei no empreendedorismo um meio de unir essas paixões. Sou dona de uma franquia da Flyworld Votorantim, uma agência de viagens que conecta pessoas a experiências transformadoras, além de atuar como gestora de tráfego pago, produtora de infoprodutos e especialista em marketing digital. Recentemente, adicionei mais uma conquista: a formação como Especialista Comportamental.

Agora escrevo a você, leitor(a), com um único objetivo: inspirá-lo(a) a superar o medo de mudar.

jussaratravels

Jussara Gomes

contato.jussaragomes@gmail.com

FORTALESER

16

AMBIENTE E *NETWORKING*: A FÓRMULA PARA O SUCESSO

Por Jussara Gomes

FORTALESER

Em minha trajetória, aprendi que a evolução constante vem da habilidade de estar disposto a aprender com cada pessoa, com cada situação e com a coragem de mudar de direção quando necessário.

Com uma jornada marcada por mudanças profundas e experiências enriquecedoras, acredito que a vida é uma grande construção e que o ambiente e as pessoas com quem nos conectamos desempenham papéis fundamentais no nosso crescimento.

Imagine-se em um lugar onde tudo o que você busca está ao alcance das suas mãos. O que você vê ao seu redor? Com quais pessoas você se relaciona? Que tipos de conversas e ideias circulam no seu ambiente? A verdade é que o lugar em que você está agora, com quem você se relaciona e o tipo de espaço que você frequenta são fundamentais para que você alcance a pessoa que você deseja se tornar. O cenário em que você vive, as pessoas que você encontra e as experiências que você busca são peças-chave na sua evolução.

Posso dizer que o poder do ambiente mudou quem eu sou e a minha vida. Eu começo minha jornada em um espaço limitado, cercada de crenças antigas, temores e dúvidas sobre meu próprio potencial, mas algo mudou. Tomei a decisão de mudar não só minhas atitudes, como também o lugar onde eu me encontrava. E a partir desse movimento de mudanças, tudo em minha vida começou a se alinhar.

Quando ficamos estagnados no mesmo lugar, cercados pelas mesmas pessoas e ideias, o crescimento se torna quase impossível. Estar sempre na zona de conforto faz com que os desafios se tornem invisíveis. Não podemos esperar por resultados diferentes se continuamos repetindo as mesmas ações, se ainda estamos nos conectando com as mesmas pessoas. Eu me inspiro muito naquela frase do Jim Rohn, que diz que você é a média das cincos pessoas com quem mais passa tempo. Essa afirmação é amplamente aceita e reconhecida como verdadeira.

E a pergunta que surge é: “Você tem agido como a pessoa que você quer se tornar no futuro?”. Se a resposta for “não”, então algo precisa mudar. Talvez o ambiente em que você está hoje não seja o mais adequado para a pessoa que você deseja se tornar. Permanecer onde você está, cercado pelas mesmas influências e interações, significa que você continuará recebendo as mesmas oportunidades. O problema não é o mundo lá fora, mas a sua incapacidade de se conectar com novos estímulos, novas habilidades e novas possibilidades. Quando você se limita ao que já conhece, seus horizontes diminuem.

Se você quer algo diferente, precisa buscar algo novo. O novo leva a caminhos novos, a portas que você nunca imaginou que existissem. Quando você decide mudar e se dedica a esse processo, novos caminhos se abrem, trazendo novas oportunidades, coisas que nunca seriam possíveis se tivesse se ficado no mesmo lugar.

E mais: as pessoas que você está conhecendo agora e as ideias que você está absorvendo serão cruciais para a sua próxima transformação. Cada pessoa que passa pela sua vida carrega consigo uma lição, uma peça fundamental para o quebra-cabeça da sua evolução. Pode ser que, no momento, isso não faça sentido, mas com o tempo você entenderá o impacto dessas conexões.

Mova-se. Mude de país, de lugar, de cenário. Até na Bíblia é dito: "Saia da sua terra, do meio dos seus parentes e da casa do seu pai e vá para a terra que eu lhe mostrarei" (Gn 12:1). E esse simples movimento, de mudar de ambiente e buscar novas pessoas, que para muitos pode parecer radical, foi a chave para abrir portas que estavam trancadas há anos. Eu fui para onde as oportunidades estavam, fui para onde as pessoas que eu desejava me tornar estavam.

As pessoas que conheci através do *networking* foram fontes de inspiração, mentores e até amigos, que, com o tempo, contribuíram para o meu crescimento de maneiras que eu nunca imaginei. O que eu fiz foi simplesmente me conectar de forma genuína com o que o mundo tinha a oferecer. Eu me cerquei de pessoas que estavam aonde eu queria chegar, me conectei e ainda faço *networking* de várias maneiras. Hoje, eu participo de um grupo de *networking* em Madrid, no qual cada encontro é uma oportunidade e uma chave virada.

E em minhas viagens é onde eu exploro as novidades do mundo desconhecido e me conecto com pessoas de diferentes mentalidades e estilos. Aqui está o segredo: o seu futuro está diretamente ligado às pessoas com quem você se conecta. Cada pessoa que cruza o seu caminho tem algo a ensinar, algo que você pode aprender, mesmo que no momento isso pareça irrelevante. Você precisa estar atento(a), ser humilde e receptivo(a). As respostas para as suas dúvidas podem estar nas palavras de alguém que você acaba de conhecer ou até mesmo em um comentário casual em uma palestra ou um curso.

Não é à toa que o *networking* se tornou uma ferramenta tão poderosa para quem quer crescer. As conexões que você faz, as perguntas que você faz e as novas ideias que você absorve vão moldar sua trajetória e o levarão cada vez mais perto do seu objetivo. O que você está fazendo hoje para se conectar com as pessoas que já estão onde você quer estar?

Talvez você esteja pensando que é difícil mudar, que o novo é desafiador, mas lembre-se do que eu fiz. Eu me arrisquei, saí do meu ambiente confortável, busquei novas pessoas, novas ideias e novas experiências. Eu fui para o desconhecido com medo mesmo; fui com coragem e clareza sobre onde eu queria chegar. E foi esse movimento que me trouxe até aqui. Eu não estava apenas mudando de lugar fisicamente, como também mentalmente.

Agora, imagino que você esteja se perguntando: "E eu? Como posso começar?". A resposta é simples: comece a fazer perguntas. Pergunte sobre o que as pessoas estão fazendo para alcançar o que você deseja. Se for necessário, mude de cidade, de país. "Mas, Jussara, tenho meu trabalho, minha empresa, meus filhos". Faça como eu, venda tudo e se jogue. Isso não quer dizer ser irresponsável, porque no final quem o(a) julgou irá procurar você. Claro que não adianta você mudar de lugar sem mudar a mentalidade, mas isso é assunto do meu primeiro livro, o *Performance de elite* (2024), que indico a ler e se aprofundar na mudança de sua mentalidade. Pergunte sobre os desafios que as pessoas enfrentam. Esteja atento(a) a cada pessoa que cruza seu caminho e absorva o que ela tem a lhe oferecer.

O ambiente em que você está agora não é por acaso. Cada pessoa que você encontra e cada situação que você vive tem algo a lhe ensinar. Agora, a pergunta é: "Você tem agido como a pessoa que quer se tornar?". O novo o(a) leva a novos caminhos. O novo exige que você esteja disposto a aprender, a desapegar de velhos hábitos e a se conectar com novas ideias, lugares e pessoas. Meu convite para você hoje é simples e deixo um passo a passo que eu mesma segui:

1. **Defina aonde você quer chegar**

O primeiro passo para transformar sua vida é ter clareza sobre o destino que deseja alcançar. Pergunte-se: "Quem eu quero **ser**?". Desenhe o futuro de forma específica, seja no âmbito profissional, pessoal ou financeiro. Quanto mais claro for seu objetivo, mais fácil será traçar o caminho.

2. **Comece a se cercar de pessoas que tenham os seus mesmos objetivos e valores**

Lembre-se: o ambiente que você frequenta reflete diretamente em quem você está se tornando. Se o que deseja está distante da sua realidade atual, é hora de mudar de cenário. Isso inclui suas relações, até mesmo seus familiares. Comece a se cercar de pessoas que compartilham seus mesmos objetivos e seus valores. O *networking* é a chave para abrir portas que você nem sabia que existiam. Conecte-se com quem já está onde você deseja estar e aprenda com essas pessoas.

3. **Aja como a pessoa que você quer se tornar**

As atitudes e os comportamentos da pessoa que você quer **ser** já precisam estar presentes no seu dia a dia. Não espere pela transformação para agir, aja agora como se já fosse a pessoa que você aspira **ser**. Esse é um dos maiores segredos do sucesso: antecipar-se ao futuro por meio de suas ações.

4. **Busque novas experiências**

Não adianta fazer as mesmas coisas e esperar resultados diferentes. Se você deseja um futuro novo, permita-se viver experiências novas. Participe de eventos, cursos, esportes, viagens ou qualquer situação que o(a) desafie e o(a) exponha a novas ideias. A vida acontece fora da zona de conforto.

5. **Cultive seu *networking* com autenticidade**

O *networking* não se trata apenas de fazer contatos, mas de criar conexões genuínas. Pergunte, escute, compartilhe e se conecte de maneira autêntica com as pessoas ao seu redor. Cada pessoa carrega uma peça fundamental para sua evolução — aproveite isso!

6. **Seja paciente e persistente**

O caminho pode ser longo e, às vezes, desafiador, mas lembre-se: tudo o que você deseja já está nele. A persistência, aliada a um ambiente e a um círculo de pessoas certas, trará os resultados que você busca. Mantenha-se firme na direção do seu objetivo.

7. E, claro, não poderia faltar a sua conexão com seu interior. Fale com Deus, ore, reze, medite e peça discernimento e sabedoria.

Transforme seu ambiente, conecte-se com as pessoas certas e aja como se já tivesse alcançado o futuro que deseja.

O futuro que você busca começa hoje, com a pessoa que decide **ser**. Para transformar sua vida, é preciso coragem para mudar, abrir mão do conforto e agir. Lembre-se: cada ambiente, cada conexão e cada escolha são convites para o novo. Esteja disposto a aprender, adaptar-se e construir a realidade que deseja. O poder de mudar está em suas mãos e tudo começa quando você decide que merece viver a vida que sonha.

FortaleSer é um processo contínuo de fortalecimento interno que nos impulsiona a sermos a melhor versão de nós mesmos. Quando nos conectamos com os ambientes certos, com as pessoas certas e com as escolhas que nos desafiam a evoluir, nós nos tornamos mais fortes. Isso nos faz sermos de maneira mais plena, mais autêntica, mais preparada para a transformação. Somos moldados pelo ambiente em que vivemos e pelas pessoas com quem nos conectamos. Escolha sabiamente seus espaços e suas relações, pois eles são o alicerce do seu crescimento e da sua jornada. O poder do ambiente e do *networking* está em como eles refletem e amplificam quem você deseja se tornar. *FortaleSer* é a chave para você se fortalecer a cada passo e, assim, alcançar o futuro que tanto deseja. *FortaleSer* é a chave para você crescer a cada passo.

Referências bibliográficas

BÍBLIA SAGRADA. Almeida, revista atualizada. Disponível em: https://www.bibliaon.com/versiculo/genesis_12_1-12/. Acesso em: 29 jan. 2025.

VALE, R. (org.). *Performance de elite*. Barueri: Editora Chave Mestra, 2024.

"O ambiente que você escolhe molda o futuro que você constrói. Se você quer algo novo, comece a se conectar com o que é novo."

Jussara Gomes

Como este capítulo fortalece a sua jornada?

Lilia Cleide

Eu me chamo Lilia Cleide, sou pregadora, escritora e idealizadora do projeto *Recebendo vida através da Palavra: 30 chaves liberadas para a sua vida* e *chaves que vão gerar vida de dentro para fora*. Desse projeto, nasceram dois volumes. Sou coautora de outros livros.

Há dezenove anos, moro fora do Brasil, mas sou natural de Mombaca/CE. Atualmente, resido na Alemanha. Sou casada com Claudio Sellari e mãe de três príncipes: Gianni, Christian e Johannes, minha herança.

Dedico cada palavra deste capítulo ao Senhor, que mais uma vez me confia algo tão extraordinário e maravilhoso. Gratidão à Editora Chave Mestra, por essa rica oportunidade a mim concedida em participar do livro *FortaleSer*.

lilia_cleide

FORTALESER

17

SUPERAR O TEMPO DA REJEIÇÃO

Por Lilia Cleide

FORTALESER

Primeiramente, antes de começar a escrita do meu capítulo, eu oro para que, enquanto você estiver lendo, a inspiração do Espírito Santo esteja neste livro, fortalecendo e encorajando você a se levantar e viver o extraordinário.

Viver a rejeição não é fácil, é um processo dolorido, desagradável, desconfortável, uma sensação de grito preso na garganta, um sentimento de abandono, uma dor que abraça. Mas temos que entender que a rejeição é uma cura para a nossa alma, porque é nesse processo que descobrimos quem somos em Deus, o valor da presença do Senhor e que Ele permite passarmos por ela para entendermos a nossa verdadeira identidade.

Quando eu cheguei à Europa, tive que aprender o que é a rejeição na pele, longe da família, da igreja e dos amigos. Esse processo ficou mais difícil, principalmente quando saí da Itália e vim morar na Alemanha. Ao chegar aqui, começou um processo longo e dolorido, um processo que muitas vezes me fez pensar em desistir; desistir do meu chamado, de algo que queimava dentro de mim. Aqui, tive que aprender a ficar em silêncio, minha presença não era desejada por pessoas que eu considerava importantes, que poderiam me abraçar e me ensinar muito, mas nem tudo acontece como desejamos.

Com palavras afiadas, me castigavam, esquecendo de que palavras são sementes — depois de lançadas elas germinam. Foram anos difíceis, machucada, ferida, sangrando, desacreditada, exausta e desestabilizada emocionalmente. Eu me fechei em sentimentos doloridos que arrancavam o choro da minha alma. Prosseguia pedindo ao Senhor cura para minha alma, para Ele cicatrizar as feridas que sangravam, pois pessoas feridas ferem e eu não queria ferir ninguém, eu queria ser agente de cura para curar outras pessoas. A preocupação de que um dia eu pudesse fazer alguém sentir o que eu estava sentindo me aterrorizava, porque eu sabia o duro processo que eu estava vivendo, porque pessoas não curadas tem por consequência sangrar em outras pessoas, mais cedo ou mais tarde.

Por isso, o posicionamento e a decisão em busca da nossa cura são nossos, mas temos que entender a necessidade de discernir a hora de deixar na direção de Deus, porque Ele conhece o caminho da cura. Não posso parar o processo achando que o que está por vir é mais difícil apenas por causa da dificuldade que estou tendo agora.

E Deus me fez dar o primeiro passo para buscar essa cura: desligar-me de quem me fazia estar tão mal, quebrar ciclos que não me levavam para o propósito. O segundo passo foi me reconectar com as promessas que Deus tinha feito para a minha vida, porque eu já não acreditava mais nelas. Eu não deixei de crer no Senhor, mas no contexto em que eu vivia e as palavras que eu ouvia me levavam para longe dessa realidade e da minha identidade original.

Hoje, eu tenho um conselho para você: não desista por causa das vozes que querem silenciá-lo(a), colocar uma mordaça na sua boca, aprisioná-lo(a), tirar você da rota. Entenda, quanto maior a pressão, maior o milagre.

Então começou o processo de cura na minha alma. Sabemos que só tem marcas quem já foi para a guerra; foi aí que começou uma batalha entre a carne e o espírito. Entenda algo, caríssimo(a) leitor(a), o que é para nós fazermos, nós temos que fazer e o que é para Deus fazer, Ele se responsabiliza em fazer. Para eu receber a cura, tinha que liberar o tão sonhado perdão. Então começou a luta, porque eu decidi parar de levar esse fardo que colocaram nas minhas costas. Perdoar é uma decisão; não perdoo porque sinto o perdão, perdoo porque necessito me libertar do peso que jogaram sobre mim. E, lembre-se: satanás vai fazer de tudo para você não conseguir.

O espírito gritava "Perdoa!", só que a carne gritava mil motivos para não perdoar. Então comecei a declarar, dentro da minha casa, "Eu perdoo!". Esse foi um posicionamento que me tirou da rota do fracasso. Foi fácil? Não, mas foi possível. Tinha dias que eu gritava, chorava, questionava, ficava em silêncio, só para ouvir um sussurro da parte do Senhor, para ouvir uma resposta, para tirar aquele peso, aquela angústia. Só que tudo que eu ouvia era silêncio. Temos que entender que o processo é uma rota na nossa vida e são nesses processos difíceis que Deus espera de nós um posicionamento, uma atitude, um esforço, uma constância, uma resiliência, crendo que Ele é poderoso para trabalhar no cenário desfavorável.

Depois que eu comecei a liberar a palavra de perdão, foi aí que comecei a sentir o fardo ficar mais leve. Jesus fala em sua Palavra que todos os que estão cansados e sobrecarregados devem ir até Ele e Ele dará descanso, porque o fardo dEle é leve. Eu estava cansada, sobrecarregada, então eu lancei esse fardo aos pés do Senhor, um fardo que representava a rejeição, o descaso, os olhares altivos. E hoje o Senhor lhe faz um convite, caro(a) leitor(a): lance o seu fardo sem medo aos pés do dEle, porque Ele tem a cura, a libertação, a transformação, a resposta, a superação e o destino. O Senhor nos fará superar todos os obstáculos, até aqueles que nós tínhamos certeza de que não iríamos suportar, que eram impossíveis de serem superados, impossíveis se vistos sob a perspectiva humana — e se vermos sob essa perspectiva, somos tendenciosos a querer desistir. Caríssimo(a) leitor(a), a nossa vida é como o hipismo, sempre vão ter obstáculos para vencermos, por isso lembre-se de que em cada vitória você sairá mais forte. Tudo que passamos há somente um propósito: **nos fortalecer**. Nada é por acaso. No ambiente da rejeição, Deus já tem um destino certo para nós.

Superar é possível, eu superei a rejeição e saí mais forte, mais madura, conhecendo quem eu sou e de quem tenho por Pai. O Senhor restabeleceu a minha identidade de filha. E não só isso: Ele me deu força para suportar; dentro do ambiente da descredibilidade, Ele me fez avançar e gerar projetos que nunca sequer tinha descido ao meu coração. Ei! Eu venci! Eu superei e essas lutas me dão respaldo para hoje lhe falar: você é filho(a), você é capaz, você consegue, você é forte! Não desista, a insistência quebra toda resistência. Avance! Deus tem um destino para você.

Estou convicta de que o Senhor me fez passar por tudo isso para que hoje eu pudesse vir aqui e falar para você, caro(a) leitor(a), que existem situações na nossa vida que vão doer, vão nos desestabilizar por um momento, mas não são para o nosso fracasso. Eu e você fomos escolhidos desde o ventre da nossa mãe, o Senhor nos designou para coisas grandes e firmes.

Hoje, eu vejo o quanto eu precisava aprender, o quanto eu precisava crescer. Agradeço ao Senhor porque, por meio de tudo isso, Ele me fez mais forte. Sei que sou capaz de suportar processos ainda que difíceis, mas, se o Senhor passar comigo, nada me impedirá de chegar onde Ele falou que eu chegaria, se tão somente eu andar na Sua presença. Por mais difícil que tenha sido, o Senhor me fez vencer nas madrugas de choro. Hoje, posso lhe falar com firmeza que foi o Senhor que fez isso e foi uma coisa maravilhosa aos meus olhos, como o salmista falou (Sl 118:24).

Não há nada mais libertador do que olhar para as nossas cicatrizes e dizer "Foi difícil, mas eu venci, eu ressignifiquei aquela dor, que por um tempo me paralisou". Precisei me posicionar, porque só vive o milagre quem se posiciona, então fui buscar a minha cura e ser libertada de algo que veio como armadilha do inferno para me fazer desistir do chamado que o Senhor me confiou. Quando achei que iria morrer em uma terra estrangeira, mais um ciclo novo estava começando, percebi que essa dor só me fez mais forte, transformada. Eu me levantei sabendo que Deus não me chamou para ficar paralisada naquele ambiente de rejeição, mas que Ele me chamou para fazer desse processo um ambiente de milagre, cura e transformação.

Quando entendemos quem somos e qual é o nosso propósito aqui na Terra, ninguém tem o poder de nos paralisar; estamos confiantes, olhando para cada cenário não com os nossos olhos limitados, mas com os olhos do Senhor. E é aí que vamos entender que cenário desfavorável é o lugar que Deus vai operar em nós e por meio de nós. Por isso, caríssimo(a) leitor(a), entenda que as suas experiências com Deus são pessoais e intransferíveis.

O que vou levar como aprendizado de superação desse processo? Que é só uma fase, vai passar e que processos são fases importantes para serem vencidas. Temos que entender que a tempestade revela nossas limitações e fragilidades, mas são nos temporais mais impetuosos que vivenciamos o poder extraordinário de Deus e aprendemos que sempre depois da tempestade vem a bonança e que a nossa disposição de permanecermos firmes na fé, mesmo quando as circunstâncias forem adversas, porque são elas que vão nos levar ao nível de maturidade e transformação.

Portanto, o que ficou para trás leve apenas como aprendizado, movimente-se para o novo — novos ciclos e novas metas —, entendendo que para o novo chegar o velho tem que sair. Vire a página e escreva uma nova história.

Em andamento para a conclusão do meu capítulo, quero encorajá-lo(a) a prosseguir e a não desistir. Às vezes, na nossa caminhada, vamos fazer um caminho mais longo, mas não importa a distância, o que importa é chegar e chegar bem, chegar curado(a), chegar transformado(a), chegar como vencedor(a).

Deus o(a) abençoe,

Lilia

"Não há nada mais libertador do que olhar para as nossas cicatrizes e dizer 'Não foi fácil, mas eu venci'."

Lilia Cleide

Como este capítulo fortalece a sua jornada?

Pastora Luciana de Oliveira

Sou graduada em Letras. Exerço o ministério pastoral há quatorze anos, com o meu esposo, Pastor Wagner de Oliveira, com quem sou casada há 33 anos. Sou mãe de dois filhos, Douglas e Daniel, e avó do Enrico.

Fundadora e líder do Restaurando Mulheres, ministério missionário voltado ao universo feminino, que visa à restauração e ao crescimento espiritual de mulheres. Atualmente, lidero uma equipe de trabalho com dezenas de mulheres e inúmeros eventos realizados até o presente momento.

Sou pregadora da palavra, escritora, coautora do livro *Somos todas mais que vencedoras* e idealizadora do livro *Mulheres restaurando mulheres*, volumes I, II e III. Idealizadora da Imersão Restauração e seus pilares e a Imersão Na Palavra. Trago mensagens que tem mudado muitas mulheres por todo o Brasil. Se desejar conhecer um pouco mais do nosso trabalho, acesse o Instagram.

pra.luciana.admrf

restaurandomulheres

FORTALESER

18

A HISTÓRIA AINDA NÃO ACABOU

Por Pastora Luciana de Oliveira

FORTALESER

Cada história carrega consigo uma lição, um ensinamento, experiências que deixam marcas que ficam guardadas em nossa memória, fazendo parte do nosso tesouro pessoal. A história de uma vida não é algo totalmente construído, mas sim em constante reconstrução, a cada dia escrevemos e reescrevemos um pouco mais da nossa história.

A palavra "história" tem origem no idioma grego e é oriunda do vocábulo *histor*, que significa "aprendizado", e de fato aprendemos ao longo da nossa história, pois ela nos faz lembrar a todo instante quem somos, porque estamos aqui e até mesmo para onde estamos indo.

No ano de 1971, uma jovem mulher solteira decide dar continuidade à sua primeira gestação, em condições especulativas, trazendo suposições e até mesmo levantando hipóteses a respeito de quem seria e como seria o desfecho dessa gestação. Nasce então uma menina, de nome Luciana. "Veio, porém a lei para que a ofensa abundasse, mas onde o pecado abundou superabundou a graça" (Rm 5:20).

A história continuou

Particularmente, eu amo fazer aniversário. Acredito ter uma ligação com a realidade da concepção de tudo que envolveu o meu nascimento. Mesmo hoje, nos meus 53 anos, datas natalinas mexem comigo. Não pode faltar o bolo, a comemoração, o dia especial, a lembrança, a homenagem. Contudo, não me recordo de uma infância de celebrações, mas valido o meu hoje como um momento muito importante, o dia em que eu nasci. "Antes que te formasse no ventre, te conheci e antes que saísses da madre te santifiquei, as nações te dei como profeta" (Jr 1:5).

Debutei e me tornei uma jovem decidida, obstinada, sabendo o que queria da minha vida: construir uma história, não de dores, nem de faltas, muito menos de cicatrizes, mas uma história de determinação, coragem e realizações. Tomei uma das mais importantes decisões da minha vida: formar uma família na qual laços são fortalecidos pelo amor. Para tal feito, comecei a me preparar e desejar que encontrasse um homem bom e respeitador, que quisesse comigo formar uma família, queria ser mãe, cuidar da casa, ser o grande amor de alguém, construir uma história juntos. Aos 17 anos, meu desejo começou a se tornar realidade; ainda no Ensino Médio, conheci o amor da minha juventude, um ajudador, um homem de coração puro. O casamento aconteceu, nós nos unimos por um desejo de estarmos juntos e construirmos a nossa história, cada um com a sua perspectiva: eu, com a de ter filho; ele, com a de viver uma vida melhor do que a que ele viveu com os seus pais. Da nossa união uma família começou a ser formada.

Família é uma instituição divina criada por Deus, composta por um homem e uma mulher em matrimônio que se tornam uma só carne. A família é a responsável por transmitir conhecimento para as gerações futuras, é um lugar de amor, cuidado e proteção. Deus tem planos para as famílias. "E abençoarei os que te abençoares e amaldiçoarei os que te amaldiçoarem, em Ti serão benditas todas as famílias da terra" (Gn 12:3).

Não sabíamos, mas a nossa união fazia parte dos planos de Deus. Não era só um desejo de menina, era o plano de Deus para o resgate de muitas famílias. Nosso matrimônio foi tomando forma, apesar da nossa imaturidade, das nossas diferenças, da diversidade de situações que se apresentaram ao longo da nossa história. Superamos alguns conflitos, dificuldades, perseveramos, acreditávamos que a causa era nobre e por ela valia a pena todo o empenho e sacrifício. Anos passaram até que o propósito de Deus se cumpriu em nós, fomos alcançados pelo amor de Cristo. Agora já não era a nossa escolha, mas a de Deus por nós.

"Não foste vós que escolhestes, mas eu vos escolhi e vos constitui para vades e produzais frutos e que o vosso fruto permaneça. Eu assim vos constituo, a fim de que tudo quanto pedirdes ao pai em meu nome Ele vos conceda" (Jo 15:16).

Um pastor, uma pastora, dois filhos e uma igreja de famílias: nasce então o Ministério Restaurando as Famílias. Como pastora, eu me tornei conselheira, mestre, mentora, escritora e sempre, de alguma maneira, somando com o Reino e fazendo com que a obra de Deus siga o seu fluxo natural e não venha perder a sua forma original. Hoje, escrevendo o quinto livro, falando um pouco da minha história de vida, tenho visto muitas mulheres serem alcançadas, mulheres sendo motivadas a não desistir e a não parar — afinal de contas, uma história é constituída de muitos altos e baixos, acontecimentos, fases, momentos em que às vezes parece ser o fim e que a nossa história paralisou. Perdemos até o senso do recomeço, mas um novo dia nos dá a oportunidade de um tempo novo. O refazer não é o fim, é fazer novamente, é restaurar, recuperar, seja um tempo, uma situação, uma condição, a história é nossa, só nós podemos colocar um ponto-final. Eu decidi continuar, apesar dos fins em algumas fases da minha vida. Quando aos olhos dos de fora parecia ter terminado, eu sempre acreditei que ainda não tinha chegado ao fim.

A minha história não acabou quando a minha infância foi muito difícil, quando ausências, rejeições e abandonos fizeram por um momento eu me sentir incapaz de me tornar uma mulher respeitada e reconhecida. O exercício da superação é nos tornarmos superiores a situações que nos sobrevêm, é ultrapassar barreiras que tentam impedir o nosso avançar, é exceder em acreditar ser possível e entender que a superação pessoal é um processo de transformação no qual adotamos novas formas de pensamentos para desenvolver novos comportamentos e novas atitudes. Superar não é esquecer! Esquecer significa guardar algo no canto da mente, superar é ressignificar e aprender com a experiência, é se utilizar de experiências negativas ao nosso favor, mudando perspectivas da nossa vida. "Porque a sua ira dura só um momento, no seu favor estar a vida o choro pode durar uma noite, mas alegria vem pela manhã" (Sl 30:5).

Precisamos ser encorajados diariamente mantendo a nossa fé firme, mesmo quando somos confrontados com o sofrimento. Palavras de uma ovelha restaurada: "Precisamos crer, confiar, pedir, agradecer e testemunhar. Pilares de uma fé em ação" (PINHO, 2025).

Crer é considerar como verdadeiro; confiar é uma entrega sem receio; pedir é rogar, solicitar ou suplicar por algo; agradecer é quando reconheço, quando valorizo; e testemunhar é a confirmação e a declaração por meio da minha vida.

Chegar ao estágio de testemunhar não é um caminho tão fácil de ser percorrido, mas, quando o alcançamos, a nossa história passa a ter sentido e refletir um feixe de luz, trazendo esperança ao desesperançado. Existem pessoas hoje, ou quem sabe até mesmo você que está lendo, que estão desfalecendo e parando no caminho, desanimados, querendo entregar os pontos por se sentirem derrotados, amargando o fracasso e a desilusão. Um cenário caótico, confuso, desordenado da nossa história, com páginas difíceis de serem lidas, mas o Autor da nossa história já escreveu o final. Certamente, Deus nunca escreve histórias sem propósitos. "Porque sou eu que tenho os planos para vocês, diz o Senhor. São planos de bem e não de mal, para lhes dar o futuro pelo qual anseiam" (Jr 29:11).

- Deus legitimou a história de uma estéril, tornando-a mãe de nações. Sara gerou o sorriso.
- Deus legitimou a história de um escravo, tornando-o um libertador. Moisés, o mediador entre o homem e Deus.
- Deus legitimou a história de um pastor de ovelhas, tornando-o um rei. Davi, o homem segundo o coração de Deus.
- Deus legitimou a história de uma órfã tornando-a uma rainha. Ester, e o rei a amou mais que todas.
- Deus legitimou a minha história, me dando uma família, uma igreja, um ministério, uma nova identidade. Hoje, sou uma mulher restaurada que restaura mulheres.

Deus quer legitimar a sua história, quer transformar você, dar continuidade aos seus projetos, realizar os seus sonhos, fazer o impossível se tornar possível. A sua história ainda não acabou, não economize em permitir que o Senhor confirme os seus passos. Há firmeza no que Deus estabelece, há segurança onde Ele nos coloca, há gozo e alegria no cumprimento do que Ele nos promete. Quando olho para trás, vejo o meu passado e ele com certeza não diria ao meu presente: ela conseguirá, ela conquistará, ela permanecerá. Contudo, o meu presente hoje diz para o meu futuro: ela está conseguindo, ela está conquistando, ela está permanecendo. O futuro nos espera e ele será glorioso. Toda história nos cabe: o passado, o presente e o futuro. Não esqueça, ainda falta terminar a sua história. "Melhor é o fim das coisas do que o princípio delas" (Ec 7:8).

Hoje, sendo surpreendida pelos feitos de Deus em minha vida, nem nos meus melhores sonhos imaginei me tornar uma mulher de fé e poder desfrutar o que estou vivendo. Ser uma mulher que inspira outras mulheres por sua determinação e coragem, só o Céu poderia tal feito. Sem forma e vazia, Ele me deu forma e me enche com o seu Espírito para realizar grandes feitos nesse tempo presente. "Que darei ao Senhor por todos os benefícios que me tem feito? Tomarei o cálice da salvação e invocarei o nome do Senhor" (Sl 116:12-13).

Desejo a você, que está lendo uma parte da minha história, que a próxima história venha ser a sua, passeando entre as nações, levando a mensagem de uma mulher que hoje é determinada e corajosa, capaz de suportar e não parar no meio dessa jornada que nos forja a cada dia: a vida.

Viva! Porque cada fase, cada processo, cada lágrima faz parte do fortalecimento da musculatura da nossa alma. Há triunfo para quem permanece! "Não fui eu que ordenei a você? Seja forte e corajoso! Não se apavore nem desanime, pois o Senhor, o seu Deus, estará com você por onde você andar" (Josué 1:9).

Comece hoje a escrever a **sua história**!

Referências bibliográficas

BÍBLIA SAGRADA. Almeida, revista e corrigida. Disponível em: https://www.bibliaonline.com.br/arc. Acesso em: 29 jan. 2025.

GOVERNO DO ESTADO DO ESPÍRITO SANTO. Atividades pedagógicas não presenciais (APNPs), [s.d.]. Disponível em: https://sedu.es.gov.br/Media/sedu/pdf%20e%20Arquivos/HIST%20-%206%C2%BA%20ANO.pdf. Acesso em: 29 jan. 2025.

PINHO, C. Curso "Escola Bíblica Dominical", 2025.

"A nossa história
nos faz lembrar a
todo instante quem
somos, porque
estamos aqui e
para onde
estamos indo."

Pastora Luciana de Oliveira

Como este capítulo fortalece a sua jornada?

Maria Luiza Pérez

Sou Maria Luiza Pérez Peixoto, mais conhecida como Malu. Natural de Franca/SP, resido em Marbella, na Espanha. Tenho duas filhas: Karina, que vive em Florianópolis/SC, Brasil, e Patrícia, filha de coração que também vive em Marbella; são os amores da minha vida. Tenho Angelina e Mateo como meus netos de coração. Tenho um cachorro chamado Paco e duas gatinhas, Saraya e Corisca, que minha filha me deu como netas.

Sou filha de German Pérez Torres e Terezinha Junqueira, com três irmãos, a Maria Remédios, Antônio Carlos (*in memoriam*) e José Aparecido. Também outros cinco irmãos do segundo casamento de meu pai, Germancito Perez, Raquel Perez, Rosana Peres, Paulo Cesar Perez, (*in memoriam*) e Joao Paulo Peres.

Sou massoterapeuta, formada em Franca/SP, uma profissional renomada aqui em Marbella, e, graças a Deus, com clientes de todas as nacionalidades.

marialuizaperezoeixoto

+34 645 94 70 32

mluizaperez@hotmail.es

FORTALESER

19

SOU UMA LUTADORA FELIZ

Por Maria Luiza Pérez

FORTALESER

Eu gostaria de convidar você, neste momento, a fazer uma viagem no tempo. Vou lhe contar um pouco sobre a minha história e, quem sabe, nas linhas que vai ler a seguir, você encontre motivos para acreditar que, sim, é possível ter uma história de muita luta, mas ser fortalecida por cada uma delas para se tornar feliz com a vida que tem.

A minha vida começou com um fato muito triste, uma história trágica, cheia de altos e baixos, que me conduziu a uma infância de dores, rejeições e abandono, mas também de adoção, carinho e muitos ensinamentos que me tornaram a mulher forte e feliz que sou hoje.

Não tive a chance de conhecer a minha mãe, Teresinha Junqueira. Ela morreu quando eu tinha apenas 3 anos. Morávamos em Ribeirão Preto. Eu era a segunda filha de um total de quatro irmãos. Minha mãe morreu aos 27 anos e, como o pai havia feito um seguro de vida com um valor muito alto para ela, o seguro acusou o meu próprio pai de matá-la. Como ele não conseguiu provar o contrário, acabou preso e ficou na prisão cumprindo uma pena que durou dois anos. Durante esse período, eu e meus irmãos fomos viver com meus avós.

Tínhamos duas avós. Minha família por parte de mãe, Junqueira, descendentes de portugueses, era uma família conhecida na região e trabalhava com atividades ligadas às fazendas que possuíam. Minha família por parte de pai, Perez Torres Penedo, era descendente de espanhois e, da mesma forma, tinham como principal atividade os negócios ligados à fazenda. Eu me lembro de que uma tia me contou que, enquanto meu pai estava preso, eu e meus irmãos passávamos um tempo na fazenda da minha avó paterna e um tempo na avó materna, mas que, por achar que seríamos melhor cuidados em sua casa, a minha avó materna nos pegou e nos levou para morar com ela.

Com 5 anos — e, hora na casa de uma avó, hora na casa de outra —, o meu pai foi absolvido e liberto da prisão. Logo que foi solto, cumpriu a promessa que havia feito de caminhar a pé de Ribeirão Preto até Aparecida do Norte. Os jornais da época relataram e acompanharam todos os fatos. A nossa trágica história era conhecida por todos da nossa região.

Com a saída do meu pai da cadeia, ele decidiu cuidar de nós com uma moça que ele havia conhecido. Ela se chamava

Sebastiana, mas adotou o nome de Terezinha, que era o nome da minha mãe, para que eu e meus irmãos pudéssemos nos sentir mais próximos e conectados a ela. Eu me recordo de que aquela senhora tinha um coração muito bom e, como o meu pai viajava muito, ela cuidava sozinha de todos nós, mas sempre nos demonstrava muito amor e carinho.

Alguns anos depois, eu com 9 anos, eles se separaram e por esse motivo voltamos a viver com meus avós paternos. Ficamos felizes em estar com nossos avós, mas esse período durou apenas por alguns anos, pois, quando eu tinha 11 anos, meu pai conheceu uma moça bem mais nova do que ele e nos levou para a cidade de Ituiutaba/MG para viver com a nova família que havia estabelecido com aquela jovem. Pouco tempo depois, meu pai tirou a minha irmã de nós e a levou para um orfanato, onde ela permaneceu por pouco tempo porque fugiu e foi morar nas ruas. Logo após, ele me deu para uma família que não tinha filhos e que me adotou com carinho, mas, como eu não me adaptei àquele lar, eles me devolveram para meu pai, que resolveu me levar para Uberlândia/MG, para o convento de freiras das irmãs salesianas. Lá, ele me deixou e nunca mais apareceu para me buscar.

No convento, conhecido como uma Escola Doméstica, eu cresci, fui bem cuidada, recebi carinho, educação e tudo que eu precisava naquele momento. O tempo que vivi ali foi o melhor momento da minha vida. Lá eu aprendi a costurar, a bordar, cozinhar e ser uma mulher preparada para me casar quando saísse de lá.

O único período de que eu não gostava era durante as férias, pois as minhas amigas internas saíam para ficar com suas famílias e eu não tinha para onde ir. Então, eu conheci a Neide Lopes, uma amiga que, quando saía de férias, me levava para a casa dela em Aloandia/GO. A família dela se tornou a minha segunda família. Até hoje, quando volto ao Brasil vou visitá-la.

Muito triste por não ter notícias dos meus irmãos e avós, fui superando essa dor forte, crescendo no convento, me desenvolvendo e superando os obstáculos da vida. Um tempo depois, descobri que meu pai também havia abandonado os meus irmãos.

Chegou o tempo em que o governo acabou com os internatos daquela época. Precisei sair do convento aos 17 anos e fui morar com a família de uma amiga que se chamava Maria

Aparecida e que me acolheu. Por ter sido uma excelente aluna, ganhei uma bolsa de estudos até a faculdade e, dali em diante, me tornei uma estudante externa. Comecei a estudar no Senac, fiz Secretariado, Contabilidade, datilografia e já podia trabalhar, me sustentar e crescer como uma mulher adulta e independente. O Senac pagava em dinheiro de acordo com os resultados e notas que tirávamos. Como eu tirava boas notas, recebi um bom valor em dinheiro e resolvi voltar para Franca, minha cidade natal.

Morei na casa de uma tia por um período, mas não funcionou muito bem. Então, passei a pagar um pensionato e a trabalhar no escritório de uma loja de tecidos que fica em frente a essa pensão. Como eu fazia os depósitos dos valores dessa empresa nos bancos, em uma dessas visitas encontrei com um primo que trabalhava em um banco no estado de Minas Gerais. Ele foi a ponte para eu fazer uma entrevista de emprego. Fui contratada para trabalhar como atendente de balcão e passei a tomar conta das cobranças e descontos. Nesse banco, eu trabalhei por cinco anos e lá eu conheci meu marido, Agmar José Gregório. Eu me casei com 24 anos e vivemos felizes por 22 anos. Do nosso matrimônio, nasceu minha filha preciosa, que se chama Karina. Agmar era um homem de posses e, como eu nunca tinha tido um lar, optei por sair do banco para cuidar do meu esposo e da minha filha, dar para ela o que eu não tive a chance de ter: uma mãe e um lar.

Agora, com 43 anos e ainda me sentindo muito jovem, optei por seguir minha jornada de vida separada de Agmar. Ele bebia muito e eu não suportava mais aquela situação. É bem verdade que eu poderia ter sido mais forte, ter escolhido continuar em meu matrimônio, mas eu queria seguir uma nova jornada de crescimento. Foi aí que, já solteira, me formei em massoterapia, abri um espaço em minha casa e logo em seguida passei a empreender como coordenadora da Pierre Alexander. Eu me tornei uma distribuidora da marca, treinava as equipes e ensinava as vendedoras a como utilizar os produtos da Pierre. Avancei ainda mais! Saí da Pierre, voltei para Uberlândia e montei a minha própria clínica. Naquele momento, eu já trabalhava muito bem, estava crescendo bastante como empreendedora e, embora estivesse feliz com as minhas conquistas, algo ardia no meu coração... Eu queria mais, queria voar mais alto. Algo me falava que eu tinha que me mudar, que tinha que sair daquele lugar.

Foi quando eu me dei conta de que meu pai era filho de espanhóis e havia nos deixado sua nacionalidade. Com a família que ele formou após ter nos abandonado, meu pai teve mais quatro filhos e dois deles moravam em Madrid, na Espanha. Então, mais uma vez, eu segui meu coração, me conectei com meus irmãos por parte de pai e, com determinação e coragem, fui tentar uma nova vida, escrever uma nova história, desta vez na Espanha, onde vivo há treze anos. Quando cheguei aqui iniciei minha carreira em Madrid e em seguida me mudei para Calahonda. Aluguei uma habitação e iniciei os meus atendimentos como esteticista, sempre trabalhando muito e fazendo multidões de clientes.

Com o tempo, eu me aposentei, mas sigo trabalhando como massoterapeuta nesse paraíso chamado Marbella. Aqui fiz muitas amigas, conheci pessoas maravilhosas que me fizeram crescer e evoluir. Atualmente, vivo em Benahavis, na Espanha, cerca de 15 minutos de Marbelha.

Os anos não me desgastam, só colocam brilho em minha alma. Falar de mim é fácil, mas viver minha vida requer valentia. Choro, mas luto e venço sempre. Hoje, eu me sinto fortalecida e posso lhe dizer quem me tornei, como me sinto e quem sou: eu me sinto como uma guerreira que luta e vence diariamente. Sou como uma águia que voa alto!

Estou sempre em primeiro lugar, nunca fiz nada para agradar os outros, mas sempre gosto de ajudar a quem precisa e me pede ajuda.

Sou uma pessoa única! Não me assemelho a ninguém. Vivo a minha vida do jeito que quero e que me agrada. Amo minha vida! Amo meu trabalho! Amo minha filha Karina e faço por ela tudo que posso.

Acho que tudo podemos conseguir se corrermos atrás e nunca deixarmos de lutar. A vida é uma só. Sempre luto sozinha e sempre venço as batalhas que a vida oferece. O meu maior desejo? É encontrar um homem bom, carinhoso e temente a Deus.

Minha agenda permanece cheia e permaneço a lutadora feliz que inspira por meio da alegria que passa e da felicidade que transmite. Creio em Jesus Cristo e a Ele o que eu peço todos os dias é saúde e trabalho.

Posso dizer que tive sorte. Sempre tive ao meu lado pessoas boas e que me ajudam e me socorrem quando preciso. Sempre estou com Paty Ferrari, uma grande amiga que é como uma filha que a vida me deu. Da mesma forma é a Adriana, que sempre está próxima e que me ajuda quando preciso.

Dedico este livro à minha filha Karina Pérez, a Mateo, uma criança linda com síndrome de down que tenho como neto, filho de Jenny, uma amiga alemã e minha cliente. Dedico também para minha filha de coração Patrícia Prudente e à Angelina, sua filha e minha neta de coração.

Aos meus irmãos que, embora tenham vivido tudo que viveram, se reestabeleceram e com determinação e coragem, se "FortaleSeram" e venceram em suas jornadas de vida. Todos nós vencemos!

E dedico também a você que leu a minha história, a quem eu afirmo que a fase ruim já passou. Acredite, ela passa! Se eu consegui me *FortaleSer* e vencer, você também consegue.

"Os anos não me
desgastam, só colocam
brilho em minha alma.
Falar de mim é fácil,
mas viver minha vida
requer valentia. Choro,
mas luto e
venço sempre."

Maria Luiza Pérez

Como este capítulo fortalece a sua jornada?

Mary Rocha

Meu nome é Mary Rocha. Sou empreendedora e terapeuta, fundadora do Mary Rocha Spa Experience, um espaço que nasceu com a missão de oferecer bem-estar, equilíbrio e transformação. Minha trajetória de vida é marcada por desafios, superações e conquistas que moldaram minha visão e meu propósito de vida. Meu objetivo sempre foi mais do que criar um negócio: proporcionar um refúgio onde as pessoas pudessem recarregar suas energias, um espaço que inspira autocuidado e promove autoestima por meio de serviços de excelência.

Sou uma mulher cristã e minha fé é meu alicerce, a força necessária para prosseguir. Como empreendedora, acredito profundamente no poder da positividade e é essa paixão que me motiva a inovar constantemente e a buscar formas de oferecer experiências únicas aos meus clientes.

maryrochaspa

terapeutamaryrocha_oficial

maryrochaspa@gmail.com

FORTALESER

20

QUANDO A FÉ GUIA O EMPREENDEDORISMO

Por Mary Rocha

FORTALESER

Desde a minha infância, minha vida foi marcada por desafios e superações que moldaram a mulher que sou hoje. Cresci em um ambiente repleto de dificuldades, no qual a morte do meu pai, quando eu tinha apenas 8 anos, deixou minha mãe com a responsabilidade de criar e educar cinco crianças sozinha. Ela estava desempregada e enfrentamos momentos muito difíceis, a ponto de recorrer a familiares e vizinhos para nos darem o que comer. Eu me lembro de vê-la chorar escondida no quarto quando não tínhamos absolutamente nada.

Minhas irmãs precisaram parar de estudar para trabalhar na vizinhança, ganhando trocados para ajudar em casa. Minha mãe conseguiu um trabalho que exigia que ela saísse às 4h30 da manhã e só retornasse às 21h. Ela me ensinou que a coragem não é a ausência de medo, mas a decisão de continuar, apesar dele. Aos 14 anos, pedi à minha mãe que me arranjasse um trabalho. Eu queria ajudá-la, mas ninguém dava emprego a menores de idade naquela época. Então, pedi a ela que comprasse um alicate e esmaltes. Aprendi a fazer unhas e comecei a atender na vizinhança. Sem perceber, já estava me identificando com a área da estética.

Aos 16 anos, consegui o meu primeiro emprego em uma lanchonete. Mas o desejo de trabalhar com estética era ardente no meu coração. O autocuidado sempre me chamou a atenção e eu queria voltar para esse ramo de trabalho, mas era difícil na época, pois o dinheiro era pouco e eu tinha muitas obrigações. Foi então que acendeu em mim o desejo de ir para os Estados Unidos. No entanto, não tinha condições financeiras para realizar meu sonho. Os anos passaram, então conheci meu marido. Descobrimos que tínhamos o mesmo desejo de imigrar para os Estados Unidos, mas Deus tinha outros planos.

Um dia, ele me perguntou se eu não gostaria de ir para Portugal, já que ele era filho de portugueses e estava tirando sua nacionalidade portuguesa. Oramos a Deus e pedimos que, se fosse da Sua vontade, as portas se abrissem. E foi exatamente o que aconteceu. Quando menos esperamos, estávamos embarcando para a Europa. Nossa jornada e luta começaram em um país diferente, longe de amigos e parentes.

Quando chegamos a Portugal, o país passava por uma crise financeira e estava muito difícil conseguir bons empregos.

Comecei a trabalhar em um pequeno salão de beleza, arranjando unhas, e ali um filme passou em minha mente. Eu me lembrei da minha pré-adolescência, quando aprendi essa profissão e comecei a me apaixonar pela área de estética. Com o passar do tempo e com muito esforço, consegui entrar em uma multinacional no setor de *spa* como terapeuta e, desde então, nossa vida começou a melhorar, pois agora tínhamos muito mais estabilidade.

O início de nossa vida em Portugal foi muito difícil. Adaptar--me a uma nova cultura e ao clima não foi fácil para mim, mas com fé e perseverança, continuamos, pois sabíamos que Deus nos havia aberto aquela porta e que seria para nossa vitória.

Os desafios de empreender

No início da minha jornada, encontrar o equilíbrio entre as demandas da vida pessoal e profissional parecia um desafio impossível. Como muitas mulheres empreendedoras, eu enfrentava dúvidas, limitações financeiras e o medo do fracasso. Além disso, a concorrência no setor de bem-estar em Cascais era alta, exigindo inovação constante. Não era apenas sobre abrir um negócio, mas construir algo que trouxesse diferenciação em meio a tantas ofertas similares.

Um dos maiores desafios foi começar o negócio no final da pandemia de covid-19, em um momento em que muitas empresas estavam fechando suas portas e enfrentando dificuldades financeiras. Muitas pessoas estavam receosas em abrir negócios, pois ninguém sabia se teríamos de voltar ao isolamento. Esse clima de incerteza tornava tudo ainda mais desafiador. Além disso, lidar com palavras negativas, pessimismo e inveja foi difícil. O que mais me deixou assustada foi perceber que esses sentimentos ruins vinham de pessoas próximas. Em alguns momentos, parecia que, em vez de apoio, eu estava recebendo obstáculos emocionais de quem menos esperava.

Como imigrante no mercado português, minha experiência adquirida no Brasil, onde a estética é referência mundial, também trouxe desafios e oportunidades. Apesar das dificuldades, estudar no Brasil me permitiu adquirir técnicas inovadoras e um padrão de excelência reconhecido globalmente, o que agregou valor ao meu negócio. Enfrentar essa transição e aplicar minha experiência em um mercado diferente foi uma barreira que exigiu muita coragem e determinação.

As lições da superação

Uma infância difícil e as dificuldades que vivi me impactaram muito emocionalmente, mas também me ajudaram a crescer como pessoa e me fortalecer. Essas experiências resultaram em momentos de incerteza e exaustão. Houve dias em que pensei em desistir, mas algo dentro de mim sempre dizia que eu estava no caminho certo. Essas lições, embora dolorosas, me ensinaram a importância da resiliência e da busca por apoio. Em cada queda, encontrava uma razão para me levantar novamente, seja em uma oração sincera ou em uma palavra de incentivo recebida de alguém próximo.

Meu marido teve um papel fundamental nesse processo de começar a empreender. Ele acreditou em mim, me incentivou e, quando o medo e a insegurança tentavam me fazer desistir, ele sempre tinha um discurso positivo. Dizia que eu ia conseguir, que em pouco tempo estaríamos com uma empresa sólida no mercado. Se não fosse por esse apoio incondicional, eu não estaria hoje com o *spa* dos meus sonhos, que é o reflexo de muito esforço e amor.

A superação não foi imediata. Muitas vezes, precisei redefinir metas e reavaliar estratégias. Nesse processo, descobri que estava passando por uma crise existencial, algo comum entre mulheres que desempenham múltiplos papéis. Foi um período desafiador, especialmente sendo esposa, mãe e empreendedora, mas também um momento de autodescoberta e crescimento. Aprendi que crescer exige paciência, que falhar faz parte do processo e que toda pequena vitória é um degrau rumo a algo maior.

O nascimento do *spa*

A fundação do **Mary Rocha Spa Experience** foi o ponto de virada. Mais do que um espaço físico, ele representa o compromisso com o bem-estar integral. Nossos tratamentos e massagens são exclusivos e temos um atendimento de excelência. Mas sinto que é mais do que isso: é a paixão pelas vidas que passam pelas nossas mãos. Não tem prazer melhor do que estar a fazer algo para alguém e receber o carinho dela no final.

Temos um caso de uma cliente que estava para se separar do marido. Ela, com 42 anos e três filhos pequenos, esteve no *spa* para fazer um tratamento facial. Sem saber da sua situação, comecei a falar coisas boas e a compartilhar como Deus, o

Todo-Poderoso, transformou minha vida. Dei vários exemplos e citei Lucas (Lc 1:37): "Para Deus, nada é impossível". Passado um tempo, ela voltou totalmente diferente e me contou que muitas das coisas que eu disse a ela na primeira vez transformaram a forma como via seu casamento e seu marido. Ela decidiu desistir da separação, dizendo que minha fé e meu otimismo a contagiaram.

Cada tratamento oferecido é pensado para proporcionar um momento único de cuidado e atenção. Trabalhei incansavelmente para construir uma equipe que compartilhasse minha visão e meus valores, garantindo que cada cliente sentisse o impacto positivo do nosso trabalho.

A experiência que obtive em oito anos trabalhando dentro de uma das maiores cadeias de *spa* inglesa foi fundamental para meu sucesso. Durante esse período, aprendi os segredos da excelência em atendimento, gestão eficiente e inovação constante no setor de bem-estar. Essas vivências moldaram minha visão de como criar um espaço único e diferenciado, que oferecesse muito mais do que serviços: experiências transformadoras.

Um dos maiores diferenciais do *spa* é o ambiente acolhedor e a personalização dos serviços. Sempre fiz questão de conhecer as histórias dos meus clientes, pois acredito que o cuidado vai além do físico: é uma conexão de alma. Cada sorriso ao final de um tratamento me motiva a continuar inovando e buscando formas de surpreender aqueles que confiam em nosso trabalho.

Investi em formação profissional e busquei constantemente aprimorar os serviços. Participei de cursos, conferências e *workshops* para entender as tendências do mercado e trazer o melhor para o meu espaço. Acreditava que, para conquistar meu espaço no mercado, precisava oferecer algo que fosse além: um refúgio onde as pessoas pudessem recarregar suas energias e reencontrar sua essência.

Também enfrentei desafios no recrutamento da equipe. Encontrar profissionais que compartilhassem a mesma visão era essencial. Após muito esforço, consegui formar um time que entende a importância de cada detalhe no atendimento, desde o sorriso de boas-vindas até o cuidado final em cada procedimento.

Reconhecimento e impacto

Com o tempo, o esforço começou a dar frutos. Clientes satisfeitos passaram a indicar o spa para amigos e familiares e o *feedback* positivo se tornou uma fonte constante de motivação. Ver o impacto que o *spa* tinha na vida das pessoas era profundamente gratificante.

Hoje, o Mary Rocha Spa Experience é mais do que um local de bem-estar. Ele é um símbolo de perseverança, fé e dedicação. Cada cliente que entra no *spa* carrega um pedaço da minha história e cada sorriso ao final de um atendimento é uma lembrança de que valeu a pena lutar.

Inspiração para outras mulheres

Quero que minha história seja um lembrete de que é possível superar qualquer obstáculo com determinação e paixão. Sei que muitas mulheres enfrentam os mesmos dilemas e dúvidas que eu enfrentei. Meu objetivo é mostrar que, mesmo diante das adversidades, há sempre um caminho para o sucesso.

Se há algo que aprendi, é que cada dificuldade carrega consigo uma oportunidade de crescimento. Deus nunca nos dá um fardo maior do que podemos suportar, e Ele sempre nos guia para o caminho certo. Minha jornada é a prova de que, com fé, trabalho árduo e perseverança, é possível transformar sonhos em realidade.

Referência bibliográfica

BÍBLIA SAGRADA. Nova tradução na linguagem de hoje. Disponível em: https://www.bible.com/pt/bible/211/LUK.1.37-38.NTLH. Acesso em: 31 jan. 2025.

"Com determinação
e paixão, é possível
transformar sonhos em
realidades e desafios
em conquistas."

Mary Rocha

Como este capítulo fortalece a sua jornada?

EDITORA
CHAVE MESTRA®

Instagram: @editorachavemestra

E-mail: editora@editorachavemestra.com.br

Site: www.editorachavemestra.com.br